KB234982

CEO의 일

애덤 브라이언트 + 케빈 셰어러 지음 | 박영준 옮김
THE CEO TEST
CEO의 해
해야 할 일과 하지 말아야 할 일, 경계부터 확실하게
행복한북클럽
Happy Bookclub

자네타와 캐럴에게 바칩니다.

차 례

지난 수십 년 동안 수많은 사람이 효과적인 리더가 되는 비결을 알아내기 위해 온갖 노력을 기울여왔다. 그럼에도 불구하고 일반 기업, 비영리단체, 공공 영역 등 다양한 조직에서 일하는 모든 계층의 임직원에게 리더십이란 여전히 이해하기 어려운 수수께끼의 영역으로 남아 있는 듯하다.

혼자서만 조직에 기여하는 방식으로 일하다 난생처음 관리자가 된 사람들은 타인을 통해 업무적 성과를 달성하는 일로 역할을 바꾸는 과정에서 종종 혼란과 어려움을 겪는다. 직원들에게 얼마나 많은 것을 요구해야 할까? 얼마나 재량권을 허용하고, 언제 업무에 관여해야 할까? 어떻게 하면 너무 비판적이지 않은 어조로 솔직한 피드백을 전달할 수 있을까? 꼭 직원들과 한 무리로 몰려다니지 않으면서도 친해질 방법은 없을까? 직원들에게 내 약점을 공개할 적당한 시기는 언제일까? 아니면 관리자로서 늘 자신만만하고 의연한 모습만 보여주어야 할까?

　반면 더 직급이 높은 관리자들은 사뭇 다른 종류의 도전에 직면한다. 이제 당신은 리더들을 이끄는 리더가 됐다. 당신은 여러 계층의 관리자를 이끌고 있으며, 그들이 공동의 목표를 중심으로 결속해서 지속적으로 소통하도록 조율해야 한다. 다시 말해 당신에게는 조직 전체에 걸쳐 새로운 형태의 '관계 네트워크'를 구축하고 관리할 책임이 있다. 높은 수준의 업무적 성과를 지속적으로 달성해야 한다는 안팎의 기대를 충족하는 것도 만만치 않다. 수많은 회의와 이메일, 그리고 여러 부서가 관련된 프로젝트 마감일의 압박은 당신의 인내심을 실험하기에 이르렀고, 이른 아침부터 시작되는 업무는 늦은 밤을 거쳐 주말까지 이어지기 일쑤다.

　그중에서도 최고경영자(CEO)가 된 사람에게는 감수해야 할 요구 사항이 기하급수적으로 늘어난다. 외로움, 책임감의 무게, 가차 없는 평가와 비판, 최고의 인재들로 경영진을 구성하고 그들을 마치 올스타 팀처럼 이끌어야 한다는 압박감, 초인적인 체력을 바탕으로 1년 365일 넘치는 자신감과 열정적인 태도를 보여야 할 의무감, 애매한 트레이드오프trade-off(하나의 목표를 선택하면 다른 목표의 달성에 지장을 초래하는 상황적 의사결정-옮긴이)가 개입된 난감한 의사결정, 그리고 이로 인해 모든 사람이 불만족스러워하는 상황, 나쁜 소식이 전달되지 않도록 차단하는 주변인들의 장벽, 모든 성과 지표를 망라해서 지속적인 성장을 달성해야 한다는 투자자들과 이사회의 거센 요구, 올바르지 않은 질문을 받았을 때도 항상 올바른 대답을 해야 한다는 세간의 기대 등등.

그러나 이런 압력은 비단 CEO에게만 해당하는 문제가 아니다. 세상의 모든 리더가 어떤 형태로든 다른 버전의 CEO 테스트를 치르고 있다. 다만 당신이 조직 내에서 더 높은 위치로 이동하면서 역할의 범위가 넓어지고 업무가 복잡해졌으며, 그에 따라 도전의 강도와 중요성이 증가한 것뿐이다. 우리가 지금까지 수십 명의 CEO에게서 수집한 사례, 통찰, 교훈 등을 독자들과 나누고자 하는 것도 바로 그런 이유에서다. 다시 말해 CEO라는 위치가 유별난 자리라서가 아니라, 모든 리더에게 공통적으로 닥치는 문제가 CEO에게는 가장 강도 높고 선명하게 부각되기 때문이다. 따라서 훌륭한 리더가 되기를 열망하는 사람에게 CEO들이 들려주는 이야기는 값진 교훈을 줄 것이다. 당신이 CEO처럼 조직을 이끄는 법을 배운다면 현재 맡고 있는 역할을 더욱 효과적으로 수행할 수 있으며, 경력을 향상하는 데도 큰 도움이 될 것이다.

그런 의미에서 우리 저자들은 이 책을 출판하는 프로젝트의 수행을 위해 나름대로 훌륭한 팀을 조직했다고 생각한다.

애덤은 600명이 넘는 CEO 및 각계각층의 리더들과 심도 있는 인터뷰를 진행했다. 그 출발점은 그가 〈뉴욕타임스〉에 매주 연재한 '코너 오피스Corner Office'라는 인터뷰 시리즈 기사였다(케빈은 애덤이 처음 인터뷰한 CEO 중 한 명이다). 그가 채택한 인터뷰 방식은 기존의 취재 방법과 크게 달랐다. 애덤은 회사의 전략이나 산업의 트렌드 따위를 묻는 대신 그 CEO가 지금까지 체득한 가장 중요한 리더십의 교훈에 대해 집중적으로 질문했다. 그는 탐구 대상을 기업이라는 세계에 한정하지 않고, 비영리단체, 학계, 정부 기관, 군대, 엔터테인먼트 등 다양한 배경을 지닌 모든 직급의 리더들을 폭넓게 인터뷰했다. 애덤은 마이크로소프트의 사티아 나델라Satya Nadella나 월트디즈니의 밥 아이거Bob Iger 같은 저명한 CEO뿐만 아니라 소규모 스타트업을 이끄는 젊은 CEO들과도 인터뷰를 했다. 또 여성과 소수민족 출신의 CEO들도 적지 않게 인터뷰했으나, 그들에게 성별이나 인종과 관련된 질문은 거의 하지 않았다. 그는 오직 리더의 직무를 수행 중인 모든 사람을 동일한 방식으로 인터뷰하기를 원했다.

2017년에 애덤은 임원 멘토링 및 리더십 개발 기업인 메릭앤코Merryck&Co.에 합류했다. 지난 10여 년 동안 수백 명의 고객을 위해 일한 이 회사는 우리에게 또 다른 경험의 보고寶庫가 되어주었으며, 이 책을 쓰는 데 소중한 통찰을 제공하는 역할을 했다.

케빈은 세계 최대의 생명공학 기업 암젠Amgen의 대표이사 겸 CEO를 지냈다. 그는 20년 이상 암젠을 이끌며 인수·합병 등을 통한 인위적인 몸집 불리기를 배제하고 자체적 성장만으로 1년 매출이 10억 달러에 불과했던 이 회사를 연 매출 160억 달러에 달하는 대기업으로 키워냈다. 그리고 2012년에 암젠을 떠나 하버드 경영대학원에서 7년간 전략과 경영을 가르쳤다. 당시 케빈은 동료 교수였던 GE(제너럴 일렉트릭)의 현 CEO 래리 컬프Larry Culp 및 하버드 경영대학원 학장 니틴 노리아Nitin Nohria와 함께 CEO의 삶과 역할, 그리고 경영진을 이끄는 방법에 관한 교과 과정을 공동으로 개설했다. 그는 셰브론

Chevron, 유노컬Unocal, 노스럽그루먼Northrop Grumman, 3M 등의 이사회에서 활동했으며, 그동안 기업의 임원, 이사, 멘토 등의 역할을 하면서 축적한 경험을 바탕으로 20여 명에 달하는 CEO의 경력 이행 과정을 성공적으로 도왔다. 수십 명에 달하는 CEO의 사례들과 더불어 케빈의 경험담과 그가 얻은 통찰(미국 해군에서 근무한 경험과 매킨지·GE·MCI 같은 회사에서 임원으로 승진하는 과정에서 얻은 통찰)도 이 책의 주제를 더욱 생생하게 입증해줄 것이다. 그런 의미에서 케빈은 이 책에서 일종의 플레잉코치 역할을 담당한다고 할 수 있다. 공동 저자이면서 동시에 자신의 경험을 독자들과 나누는 CEO 중 한 명으로 등장하기 때문이다.

두 저자가 살아온 배경은 많이 다르지만, 다양한 사회적 현상 속에서 특정한 '패턴을 포착하는 사람pattern spotter'이라는 공통점을 갖고 있다. 우리는 이 책의 집필을 시작하며 그동안 각자의 경험에서 얻은 교훈을 공유하고 논의하는 데 많은 시간을 보냈다. 그리고 이 프로젝트의 목표를 정립하기 위해 다음과 같은 질문 목록을 도출했다.

- 가장 전도유망한 경영자의 사업적 성패마저 좌우하는 도전 과제는 무엇인가?
- 리더십에 대한 도전 과제는 CEO에게 어떤 교훈을 주며, 이 교훈은 모든 리더가 더 훌륭하게 직무를 수행하는 데 어떻게 도움이 되는가?
- 당신이 CEO든 신참 관리자든 앞으로 더욱 강력한 리더가 되기 위

해 시간과 에너지를 집중할 계획이라면, 리더십의 어떤 측면이 그 노력에 대해 가장 큰 보상을 돌려줄 거라고 생각하는가?

- 경영대학원 학생들에게 지침이 되고, 리더를 꿈꾸는 사람들에게 유용하고, CEO와 그가 이끄는 경영진에게 신선한 관점을 제공할 수 있는 통찰은 무엇인가?
- 우리는 기업 내에서 모든 계층의 리더들과 공유할 수 있는 리더십의 언어를 개발할 수 있는가?
- 우리는 이 통찰들이 일반 기업의 임원들뿐만 아니라 비영리단체와 공공 분야에서 활동하는 리더들에게도 똑같이 유용하다고 확신할 수 있는가?

우리가 이 주제 목록들을 정하기까지 화이트보드를 채웠다 지우고 하는 작업을 몇 번이나 반복했는지 모른다. 그러다가 우리의 논의 과정에 러시아의 전통 인형(인형 안에 똑같은 모양의 더 작은 인형이 들어 있는 구조가 반복되는 목제 인형—옮긴이)이라는 은유를 도입하면서 작업에 속도가 붙기 시작했다. 다시 말해 리더십에 관한 논의에 어김없이 따라 나오는 주제들(예를 들어 신뢰의 중요성이나 다른 사람을 존중하는 태도 등)이 대체로 판에 박힌 것처럼 비슷하다는 사실에 착안해서, 어떤 주제를 다른 주제 속에 포함시킬 수 있는지 냉정하게 평가하는 작업을 수행한 것이다. 또 우리는 훌륭한 리더들의 내재적 성품(호기심이나 자기인식 등)에 집중하기보다 조직을 효과적으로 이끄는 방법에 대한 일종의 교본을 만든다는 생각으로 리더십의 전략적 측면에 초점을 맞추기로 결정했다. 결국 오랜 시간에 걸친 열띤 토론 끝에 우리는 위에서 나열한 질문들에 가장 적합한 답이 되어줄 몇몇 중심 주제와 하위 주제들의 얼개를 최종적으로 완성하기에 이르렀다.

이 책에 담긴 일곱 가지 테스트는 대학 입학시험 같은 종류의 테스트가 아니다. 그보다는 난이도 높은 산을 마주한 등반가가 정상 정복에 앞서 스스로를 점검하는 마음자세와 비슷하다. 앞으로 몇 개의 장에서 소개할 리더십의 도전 과제들은 장차 훌륭한 리더를 꿈꾸는 사람이라면 근본적으로 해결해야 할 문제들이다. 게다가 그 과제들은 서로 긴밀하게 연결되어 있다. 그 누구도 명료한 전략, 훌륭한 리더십 팀, 잘 정의된 기업문화 없이는 성공을 추구할 수 없다. 우리는 이 내용에 관한 논의를 마친 다음, 변화를 주도하고 위기를 관리하는 일을 포함해 리더가 조직을 이끄는 데 필요한 세부적인 요소들을 탐구할 것이다. 마지막으로 리더의 내적 자질을 살펴볼 것이다. 이 책에는 진정한 리더십이 무엇인지에 대한 대답이 그토록 어려운 이유를 설명하는 수많은 역설이 등장한다. 우리가 소개하는 다양한 통찰은 독자들을 더 훌륭한 리더로 이끌어줄 뿐만 아니라 다른 리더, 조직, 기업을 분석하고 평가하는 데 도움이 되는 단순하고 효과적이고 가치 있는 렌즈의 역할도 수행할 것이다.

CEO 테스트를 통과한다는 말은 우리가 제시한 모든 문제에 10점 만점을 받는다는 의미가 아니다. 모든 사람이 저마다의 장·단점을 가지고 있다는 사실을 감안하면 그건 비현실적인 일일 수밖에 없다.

그러나 당신이 리더의 역할을 성공적으로 수행하기 위해서는 이 책에서 제시된 여러 기술에 일정 수준 이상의 숙련도를 달성해야 한다는 것이 우리의 신념이다. 만일 그 기술 중 어느 하나라도 갈고닦는 일을 도외시하거나 그것의 중요성을 과소평가한다면 당신이 리더의 자리를 지키는 시간은 훨씬 짧아질지도 모른다. 물론 세상에는 리더십에 관한 조언들이 난무하다는 사실을 우리도 잘 알고 있다. 그러나 당신이 특정 시점에서 그 수백 가지 조언을 한꺼번에 기억하려 애쓴다면 결국 '정보 과잉으로 인한 분석 불능'의 상태에 빠지게 될 것이다. 우리는 이런 문제점을 해결하기 위해 수많은 조언들 중에서 중요한 메시지만을 추려내어 몇 가지의 핵심적 주제로 압축하려고 노력했다. 독자 여러분은 이 책에서 우리가 제시한 영역을 개선하는 일에만 집중해도 리더십 기술의 향상이라는 성과를 어느 정도 달성할 수 있을 것이다.

이 책에서는 모든 종류의 리더에게 공통적으로 적용될 만한 CEO의 교훈을 중점적으로 다뤘기 때문에, CEO가 수행하는 고유한 역할 중에 일부 측면의 논의가 생략되어 있다. 만일 우리가 오로지 CEO들만을 위해 이 책을 집필했다면 자원(비용, 자본금, 인력) 배분, 인수·합병, 고위험 의사결정 프로세스, 미래의 재무적 성공과 경쟁력 강화를 위한 제품 또는 서비스 개발 계획 수립, 이사회·투자자·규제기관·고객과의 관계를 관리하는 법 등 오직 CEO에게만 해당하는 핵심 테스트들을 포함시켰을 것이다. 전략의 핵심은 해야 할 일과 하지 말아야 할 일을 적절히 선택하는 데 있다. 그런 의미에서 우리는 이 주제들까지 전부 다루기보다는 가능하면 모든 계층의 리더에게 유용한 내용만을 담는 길을 선택했다.

리더십이란 수많은 사람의 다양한 견해와 접근방식을 폭넓게 포용하는 일종의 빅텐트big tent(정치 집단, 정부 등의 구성에 있어서 서로 다른 이념이나 입장이 혼재된 일종의 연합체-옮긴이)와 같다. 따라서 때로 혼란스럽게 생각될 수 있는 이 주제에 대한 우리 저자들의 고유한 관점이 무엇인지 독자들과 잠시 공유해보는 것도 가치가 있을 듯하다. 그리고 이는 당신이 이 책의 내용을 이해하는 데 핵심적인 열쇠가 되어줄 것이다.

무엇보다 우리는 리더십을 설명하기 위해 천편일률적이고 획일적인 접근방식을 지양한다. 당신이 조직을 어떻게 이끌 것인가는 대체로 다음 세 가지 요인에 달려 있다.

- 당신의 경험, 능력, 그리고 인성
- 당신과 함께 일하는 직원들의 개인적·집단적 역량과 특징
- 당신이 이끄는 조직의 현황(소규모 팀인가, 대규모 팀인가? 스타트업인가, 연혁이 오래된 기업인가? 실적이 회복 중인 회사인가, 아니면 고속 성장세를 보이고 있는 조직인가?)

이 세 가지 변수는 무수한 형태의 조합을 창조할 수 있기 때문에, 조직을 이끄는 일은 마치 끊임없이 변화하는 다차원 체스게임처럼 느껴지기도 한다. 그리고 리더십이란 본질적으로 전후 맥락에 따라

얼마든지 상황이 바뀔 수 있는 게임이라는 점에서, 우리는 훌륭한 리더가 되는 지름길을 보여주거나 '빈칸 채워 넣기' 같은 단세포적인 사고의 틀을 제시하지는 않을 것이다. 효과적인 리더가 되기 위해서는 치열한 내적 성찰이 필요하다. 그런 의미에서 가장 단순한 질문(당신의 전략은 무엇입니까? 당신의 경영진에게 성공이란 어떤 의미입니까?)은 종종 가장 대답하기 어려운 질문일 수 있다. 우리가 약속할 수 있는 것은 당신의 학습곡선을 한층 빠르게 만들어주고, 조직을 효과적으로 이끄는 데 가장 중요한 통찰과 사례, 그리고 도구를 제공하리라는 것이다. 결국 리더십에 대한 최고의 조언이란 당면한 상황을 보다 정확하게 예측하고 이해하며, 갖가지 미묘한 역학관계를 파악하는 길을 제시함으로써 조직이 더 좋은 성과를 거둘 수 있게 해주는 조언을 의미한다. 따라서 우리가 풍부한 경험을 지닌 여러 CEO들에게 이끌어낸 다양한 사례와 교훈, 그리고 유용한 정보를 독자들과 공유하는 이 책의 접근방식은 그들의 지혜를 세상 모든 사람에게 가장 효과적으로 전달할 수 있는 길이라고 믿는다.

이 책은 독자들과의 상호작용을 전제로 쓰였다. 당신은 책장을 넘길 때마다 등장하는 갖가지 통찰을 자신이 처한 상황이나 위치에서 어떻게 적용할지 판단할 수 있을 것이다. 그런 의미에서 이 책은 리더십 분야의 로르샤흐 검사Rorschach test(스위스의 정신과 의사 로르샤흐가 개발한 투사법에 의한 인격 검사법-옮긴이)에 비견될 만하다. 당신은 참신하다고 생각하는 통찰이 다른 독자들에게는 진부하게 느껴질지도 모른다. 일부 사례는 당신의 산업 분야와 별 관련이 없을 수도 있지만, 그중에는 당신과 매우 밀접한 연관성을 지닌 이야기도 있을 것이다. 또 이 책에 등장하는 사례를 예전에 어디선가 접했을 수도 있으나, 현재 자신에게 꼭 필요한 통찰이라고 생각해서 다시 한번 듣고 싶어질지도 모를 일이다. 우리의 목표는 대화를 끝내는 것이 아니라 시작하는 것이며, 리더십의 핵심 측면에 대한 사고방식과 전략을 정교하게 가다듬을 수 있도록 적절한 지침과 틀을 제공하는 것이다.

이 책은 이론적이거나 개념적으로 주제에 접근하기보다는 신문기사처럼 실용적인 접근방식을 택했다. 리더십을 연구하는 분야가 혼란스러운 이유 중 하나는 이 주제에 관한 한 누구나 한마디씩 할 수 있으며, 어느 정도는 그 말이 옳을 수도 있다는 것이다. 특정한 종류의 리더십이 잘못되었다고 주장하는 책은 거의 없다. 그러나 틀리지 않았다고 해서 그것이 곧 유용한 통찰을 의미하지는 않는다. 리더십의 영역은 온갖 진부한 조언과 낡아빠진 진리로 가득하다. 사람들은 오직 자신이 중요하다고 믿는 측면에서만 리더십을 이야기한다. 이는 일종의 이념적인 논쟁에 가깝다는 점에서, 객관적인 토론의 대상으로 삼기는 어렵다. 다시 말해 그들이 들려주는 이야기는 훌륭한 리더십을 배양하는 원칙에 관한 논의라기보다 성공적인 삶을 살아가는 데 무엇이 필요한지를 논하는 개인적인 견해에 가깝다. 물론 이 두 주제 사이에 분명한 선을 긋기가 쉽지는 않다(명확성은 리더십을 포함해 삶의 모든 측면에서 중요한 요소다). 그러나 우리는 이 두 가지를 가능한 한 명확히 구분해서, 효과적인 리더가 되는 데 필요한 기술과 실천 요소에 거의 전적으로 지면을 할애할 것이다. 우리는 '리더십이란 무엇인가?'와 같은 철학적 논쟁에 끼어들지 않을 것이며, 리더십에 관한 함축적인 경구들에 새로운 수식어를 보태려고 애쓰지도 않을 작정이다. 대신 우리는 '조직을 어떻게 효과적으로 이끌 것인가'에 모든 논의의 초점을 맞추려 한다. 우리가 지향하는 목표는 수백 명에 달하는 성공적인 리더들의 사례를 포괄적이고 심도 있게 파헤침으로써 그들이 제시하는 통찰과 경험담에 (종종 그들 자신의 언어를 사용해서) 생명을 불어넣는 것이다.

학문적으로 접근하는 훌륭한 리더십 서적들도 이미 많이 나와 있지만, 이 책은 수량적 데이터를 이론의 토대로 삼는 학문적 연구의 결과물이 아니다. 우리의 '데이터'는 양적이라기보다 질적인 편에 가깝다. 애덤은 CEO들과의 인터뷰를 통해 600만 단어가 넘는 분량의 녹취록을 확보했으며, 케빈은 오랜 경영자 생활과 CEO 및 고위 경영진 멘토로 활동했던 경력을 바탕으로 넓고도 깊은 경험을 축적했다. 그런 질적인 데이터로부터 리더십이라는 개념에 귀중한 통찰을 제공하는 분명한 패턴과 주제를 추출했다. 독자들은 두 저자가 우리 스스로를 평가한 테스트를 통과할 자격이 있는지, 즉 독자 여러분이 더 효과적인 리더가 되는 일을 도울 수 있는지를 판단하게 될 것이다.

모든 산업 분야에 걸친 파괴적 혁신과 발전의 속도가 나날이 빨라지는 오늘날, 리더십은 더욱 어려운 주제로 진화하고 있다. 우리는 조직을 성공적으로 구축하고 구성원들의 능력을 최대치로 이끌어낸 위대한 리더들에게 경의를 표하지만, 다른 한편으로는 조직을 붕괴시키고 직원들에게 정서적 해악을 끼친 불량 리더들의 사례를 너무도 많이 목격했다. 우리의 목표는 독자들이 효과적인 리더십을 구축하는 데 가장 핵심적인 임무를 해낼 수 있도록 지원함으로써, 당신이 대기업의 CEO이든 막 경력을 시작한 신참 직원이든 성공에 더 잘 준비되어 있도록 돕는 것이다.

자, 이제 일을 시작할 시간이다.

당신은 단순한 계획으로
전략을 세울 수 있는가?

문제를 단순화하는 능력을 기르다

"당신이 말하고자 하는 요점은 무엇입니까? 그래서 우리가 무엇을 해야 한다는 거죠?"이 책의 공동 저자인 케빈은 암젠의 CEO로 재직할 때 이런 직설적인 질문으로 회의(특히 임원과 개별적으로 만나는 회의)를 시작하곤 했다. 그렇다고 비난이 섞인 어투나 무례한 태도로 대화를 나눈 것은 아니었다. 그는 미소를 지으며 상대에게 질문을 던졌다. 그가 잘 모르는 사람들, 예를 들어 사업 아이디어를 제안하는 컨설턴트 같은 외부인이 찾아오면, 케빈은 그 사람들에게도 요점이 무엇인지 물으며 이렇게 덧붙였다. "그래서 우리는 무엇을 하면 됩니까? 그 일이 성공하면 어떻게 되는 거죠?" 어느 경우든 그는 상대방에게 일종의 도전을 제기한 것이다. 당신은 본인이 제시하는 아이디어의 핵심이 무엇이고, 그것이 왜 중요한지를 명료하고 신속하게 정리할 수 있는가?

케빈은 과거 몇 년 동안 또 다른 대화 방식을 사용해서 비슷한 효과를 거둔 적도 있었다. 그중 하나는 일종의 은유를 통해 자신이 기대하는 바에 대한 신호를 보낸 것이다. "당신이 구상하는 그림이 어떻게 펼쳐질지 가설을 수립하는 것은 당신의 임무입니다." 그는 경영진에게 이렇게 말했다. "내 사무실에 들어와서 책상 위에 퍼즐 조각들을 한 무더기 쌓아두고 나에게 맞추라고 강요하지 마세요. 퍼즐을 완성하면 어떤 그림이 나올지 당신 스스로 예측해야 합니다. 진실은 마치 모자이크와 같습니다. 진실을 구성하는 사실 하나하나가 타일 조각인 셈이죠. 우리에게는 그 타일 조각들이 전부 주어져 있지 않습니다."

케빈은 수십 장의 슬라이드를 보여주며 뭔가를 제안하는 사람에게 슬라이드를 치워버리고 대신 핵심 내용만을 정리해달라고 요청하곤 했다. 그는 단편적인 사실들을 두서없이 나열하고 그로부터 결론을 도출하는 일은 남에게 떠넘기는 사람을 엄하게 질책했다. 그리고 그 아이디어를 단순한(그렇지만 지나치게 생략되지 않은) 언어로 설명해달라고 요구했다.

그가 기억하는 가장 모범적인 사례 중 하나는 암젠의 CFO(최고재무책임자)가 케빈을 찾아와 생산 시설을 푸에르토리코로 옮기자고 제안한 일이었다. 그 CFO는 자신이 생각하는 '요점'과 '계획'을 짧게 압축해서 이렇게 설명했다. "생산 시설을 이전하면 그로 인한 세금 혜택만으로도 새로운 신약을 개발해 성공을 거둔 것과 맞먹는 재무적 효과를 볼 수 있습니다. 또 현재 샌앤드레이어스 단층 지역에 자리 잡고 있는 캘리포니아의 두 공장이 혹시 모를 지진으로 인한 피해

리스크를 줄이는 효과도 있습니다.” 이후 암젠은 수년에 걸쳐 계획을 수립하고 수억 달러의 투자를 집중한 끝에 주요 생산 시설을 푸에르토리코로 이전하는 결단을 내렸다.

케빈이 이토록 철저하게 단순화를 추구하는 습관을 갖게 된 것은 20대 중반부터였다. 당시 그는 미국 해군의 기관 장교로서 공격형 핵잠수함을 만드는 업무에 종사하고 있었다. 그는 잠수함의 모든 부품이 서로 맞물려 작동하는 원리, 그리고 혹시라도 끔찍한 사고가 발생할 수 있는 다양한 시나리오를 예측하고 이에 대한 대비책을 훤히 꿰고 있어야 했기 때문에 머릿속에서 잠수함을 분해하고 조립하는 일을 수없이 반복하곤 했다. 그는 모든 일의 작동 원리를 단순하게 설명하기 위해 “바보의 다이어그램”(그가 농담 삼아 붙인 이름)이라는 상상의 그림 그리기 연습을 시작했다. 그 작업의 목표는 엄청나게 복잡한 대상을 최대한 단순하게 설명할 수 있는 개괄적 수준의 프레임워크를 개발하고, 여기서부터 상세한 부분으로 파고들면서 탐구 대상에 대한 3차원 모델을 머릿속에 그려내는 것이었다.

케빈이 삶의 경력 후반기에 암젠에 합류했을 때, 그는 한 번도 공부해보지 않은 생명공학이라는 과학을 빠른 시간 내에 습득해야 했다. 기계·전기 자동제어 시스템에 정통했던 그는 인간의 신체도 기능적인 측면에서는 핵잠수함과 다를 바가 없는 원리로 작동한다는 사실을 깨달았다. 그런 통찰은 암젠의 다양한 의약품들이 인체에 어떻게 작용하는지에 대해 과학자들과 대화를 나눌 때마다 유용한 틀이 되어주었다. 물론 과학자들보다 더 잘 알 수는 없었겠지만, 그는 생명공학이라는 과학, 그리고 새로운 의약품이 암젠에 미칠 수 있는 잠재적 영향에 대해 높은 수준의 이해도를 바탕으로 논의를 진행할 수 있었다. "나는 잠수함을 만들어본 경험이 있었기 때문에 자동제어 시스템에 대해서도 비교적 잘 알고 있었습니다. 생명공학을 이해하기 위해서도 그 시스템을 일종의 은유적 표현으로 사용한 겁니다. 그러다 보니 그들과 대화를 나눌 때 가장 중요한 질문을 다섯 개쯤 생각할 수 있게 되었죠."

요컨대 '말하고자 하는 요점'에 대한 케빈의 요구는 리더들이 반드시 통과해야 할 핵심 테스트의 하나다. 아마 모든 리더의 사업적 성패를 좌우할 가장 중요한 시험 항목일지도 모른다. 이는 복잡한 문제를 단순화하는 핵심 기술이자, 수많은 정보와 선택의 홍수 속에서 핵심적인 메시지를 추출해내는 필수적인 도구다. 또한 어떤 사안이든 그 개념적 본질을 빠르게 이해하고 중요성과 의미를 파악하는 능력을 의미하기도 한다. 복잡성을 단순화하는 기술은 시간 관리의 핵심 수단이며, 모호함과 리스크로 가득한 어려운 주제를 신속하고 명료하게 정리함으로써 당신을 더욱 유능하고 효율적인 리더로 만들어줄 만능열쇠다. 당신은 이 기술을 바탕으로 조직에 닥친 수많은 도전, 그리고 이를 극복하기 위한 전략을 두고 직원들과 기탄없는 대화를 나눌 수 있을 것이다. 세상에 단순화의 능력을 갖춘 사람은 그리 많지 않다. 리더들은 이 기술을 습득하기 위한 노력에 의식적으로 전념해야 하며, 부하직원들에게도 이 능력을 갈고닦을 것을 요구해야 한다. 어떻게 보면 이 책 자체가 복잡성을 단순화하는 연습이라고 할 수 있다. 난해하고 복잡한 리더십의 기술을 리더들이 쉽게 활용할 수 있는 몇 가지 통찰과 간결한 지침으로 압축하려는 시도의 일환이기 때문이다.

이 기술을 시험하는 주요 테스트 항목 중 하나가 조직의 목표를 달성하기 위한 계획을 명료하게 수립할 수 있느냐는 것이다. 당신은 회사가 지향하는 목표와 그 목표를 설정한 이유, 그리고 이를 뒷받침하는 계획·일정·측정 기준 등을 직원들에게 간결하고 기억하기 쉬운 언어로 표현할 수 있는가? 리더의 이런 능력은 성공을 뒷받침하는 핵심 요소다. 조직의 구성원들이 공유하는 목표가 분명하지 않고 그 목표가 왜 중요한지 아무도 알지 못한다면 리더는 팀을 결속하는 데 어려움을 겪을 수밖에 없다. 조직의 성공이 무엇을 뜻하고 각자의 업무가 비즈니스에 어떻게 기여하는지를 두고 저마다 다른 정의를 내릴 것이기 때문이다. 개중에는 열심히 일하는 직원들도 있겠지만, 조직의 목표가 서로 일치하지 않는 상황에서 그들이 쏟아부은 에너지는 대부분 낭비될 것이고 이로 인해 치명적인 부서 이기주의가 발생할 가능성이 크다. 따라서 우리가 리더들에게 제시하는 첫 번째 CEO 테스트를 한 문장으로 표현하면 이렇다.

당신은 조직의 모든 구성원을 한 방향으로 이끌어갈 명료하고 단순한 계획을 수립할 수 있는가?

"리더의 역할은 복잡성을 단순화하고, 올바른 방향으로 조직을 이끄는 겁니다." 케빈은 이렇게 말한다. "잘못된 쪽으로 단순화해서는 안 됩니다. 단순하면서도 동시에 옳아야 합니다."

이 주제는 애덤이 600명 이상의 리더를 인터뷰하는 과정에서도 반복적으로 거론됐다. 인터뷰 대상자 중에는 고위 임원들이 명확한 비전을 제시하지 못한다고 토로한 사람이 많았다. 이는 메릭앤코가 C-레벨의 최고경영진을 대상으로 멘토링을 수행했을 때도 종종 불거진 문제였다. 그동안 이 회사는 수백 명의 고객을 대상으로 코칭 서비스를 제공했다. 참가자들이 가장 큰 어려움을 드러낸 순간은 이런 질문으로 대화를 시작할 때였다. "당신의 전략은 무엇입니까?" 물론 리더들에게 아무런 계획이 없었다는 말은 아니다. 단지 본인에게만 그 계획이 명확했고, 다른 사람들에게는 그렇지 못했다는 뜻이다.

문제를 단순화하는 능력을 지닌 경영자를 찾아보기가 어렵다고 생각하는 것은 경험이 풍부한 이사회 멤버들도 마찬가지다. "특정한 아이디어나 비전에 열정을 지닌 CEO는 많습니다. 하지만 그런 사람들도 그 여정의 최종 목적지를 분명히 밝히지는 못해요." 사모펀드 워버그핀커스Warburg Pincus의 파트너를 지낸 크리스 브로디Chris Brody는 이렇게 말한다. 그는 수십 년간 많은 회사에 투자를 집행했으며, 인튜이트Intuit를 포함한 다양한 규모의 기업에서 이사회 멤버로 활동했다. "자신의 목표를 직원들에게 명확히 제시할 능력이 없는 리더는 목적지에 도달하는 과정에서 막대한 자원을 낭비하게 됩니다. 확실하지도 않은 목표를 향해 지나친 열정을 쏟아부음으로써 남들을 혼란에 빠뜨리는 리더가 적지 않습니다."

생활용품 제조업체 크로락스Clorax의 전 CEO이자 베테랑 이사회 멤버인 돈 크나우스Don Knauss는 리더들에게 명료함(즉 복잡성을 효과적으로 단순화한 결과물)을 바탕으로 회사의 '진정한 재무적 목표'를 설계하라고 주문한다. "양파 껍질을 끝까지 벗겨내듯이 회사가 시장에서 승리할 수 있는 방안의 핵심에 도달해야 합니다. 그래야 비로소 '승리할 자격'을 갖췄다고 할 수 있습니다. 다시 말해 소비자들에게 확실한 차별성을 제공해야 합니다. 수많은 기업이 확실한 차별화 전략이나 진정한 경쟁 우위(시장에서 성공할 수 있는 비용 구조의 우월성이나 기타 능력 등)도 없이 앞도 보이지 않는 혼란스러운 시장으로 뛰어드는 모습을 보면 그저 놀라울 뿐입니다. 만일 어느 기업에서 근본적인 경쟁 우위를 찾아보기 어려울 경우, 우리는 그 회사가 정말 성공할 가능성이 있는지 아니면 (투자자들을 현혹하기 위해) 연막전술을 펼치는 건지 금방 가려낼 수 있습니다."

왜 그토록 많은 리더가 전략의 단순화라는 도전 앞에서 힘겨워할까? 여러 가지 이유가 있을 수 있지만, 그중에서도 가장 큰 이유는 '전략'이라는 단어가 사람들에게 각자 다른 의미로 해석되기 때문일 것이다. 저자들의 경험에 따르면, 리더들에게 당신의 전략이 무엇이냐고 물었을 때 일부 경영자는 조직의 사명 선언문이나 비전 선언문

같은 고상하고 거창한 문장을 들먹이거나 자기 회사가 무슨 일을 하고 있는지를 장황하게 설명(그 회사가 어떤 목표를 달성하기 위해 노력한다는 말은 없이)하는 경우도 있다. 반대편 극단에 속한 리더들은 회사의 단기적 우선순위나 세세한 계획을 줄줄이 나열하면서 이를 자신의 전략이라고 주장한다. 요컨대 그들에게 부족한 것은 지나치게 모호한 목표와 지나치게 세분화된 목표의 중간쯤에 해당하는, 우리가 '단순한 계획simple plan'이라고 이름 붙인(더 적합한 말이 없어서 결국 이 용어를 선택했다) 간결한 전략이다.

기본적으로 '단순한 계획'의 목적은 모든 직원이 마음속에 품고 있는 두 가지 질문에 대한 답을 주는 것이다. "내가 해야 할 일은 무엇인가? 그 일은 왜 중요한가?" 게다가 그 대답은 한 가지 필수적인 기준을 충족해야 한다. "바로 명료해야 한다는 거죠." 글로벌 제약회사 노바티스Novartis의 전 CEO 조지프 지메네스Joseph Jimenez는 이렇게 말한다. "명료할 뿐만 아니라 조직의 모든 구성원이 이해해야 합니다. 다시 말해 목표에 도달하는 길을 명확히 제시함으로써 직원들이 각자의 업무가 조직을 앞으로 나아가게 하는 데 어떻게 기여할 수 있는지 스스로 판단하게 해야 합니다. 요컨대 당신이 수립한 전략의 핵심은 우리가 시장에서 어떻게 승리할 수 있는지, 그리고 그 목표를 달성하기 위해 각자가 무엇을 해야 할지 분명히 밝히는 내용이어야 합니다. 그래야 직원들이 마음속에 담아두고 오래도록 기억할 수 있습니다."

안타깝게도 어느 기업이든 전 직원 회의에서 이렇게 명료한 메시지를 바탕으로 회사의 전략을 제시하는 경우는 드물다. 리더가 조직의 전략을 발표하는 슬라이드에는 대개 글머리 기호가 찍힌 예닐곱 개의 주요 항목, 갖가지 색깔로 단계가 표시된 피라미드, 그리고 한두 개의 화살표가 등장하기 마련이다. 직원들이 슬라이드를 바라보고 있는 순간에는 발표자의 말이 어느 정도 타당하게 여겨질 수도 있다. 그러나 회의가 끝난 뒤에 아무도 그 슬라이드의 내용을 기억하지 못하거나 직원들이 그 전략의 어느 부분에 자신이 기여하고 있는지 알지 못한다면, 이는 쓸모없는 자료에 불과하다.

인간이 하루 동안 기억할 수 있는 일은 기껏해야 서너 가지라고 한다. 따라서 직원들에게 메시지를 전달하려는 CEO들은 인간 기억 능력의 한계를 고려해야 한다. 예전에 우리는 메릭앤코에서 특정 고객사의 경영진과 일할 때, 그들에게 각자 회사의 전략을 설명해달라고 요청하곤 했다. 대부분은 저마다 다른 대답을 했다.

"여기가 우리가 도달하고자 하는 목표 지점이고, 이것이 그곳에 도달하는 방법이다."

– 밥 아이거, 월트디즈니 회장

훌륭한 리더는 단순화의 위력을 잘 알고 있다. 밥 아이거가 디즈니의 CEO로 부임한 첫날부터 세 가지의 경영적 우선순위에 대한 열렬한 전도사가 되어 직원들에게 끊임없이 강조한 이유도 그 때문이다. 이 원칙들은 디즈니 웹사이트에 게시된 아이거의 인물 소개 두 번째 문장에 요약되어 있을 정도로 그가 주장하는 리더십 개념의 핵심을 이룬다.

첫째, 최고의 크리에이티브 커넥트creative connect(창작자들의 공동체를 연결하고 지원하고 교육하는 프로그램-옮긴이)를 창조한다. 둘째, 혁신을 배양하고 최첨단 기술을 활용한다. 셋째, 전 세계 모든 지역으로 신규 시장을 확장한다.

아이거는 자서전《디즈니만이 하는 것The Ride of a Lifetime》에서 다음과 같이 썼다.

당신의 경영적 우선순위를 명확하고 반복적으로 전달해야 한다. 이를 분명히 표현하지 못한다면, 각자 자신의 우선순위를 추구하느라 혼선을 빚을 수밖에 없고, 그로 인해 많은 시간과 에너지, 그리고 자본이 낭비될 것이다. 부하직원들의 일상적 업무에서 상사의 심중을 추측해야 하는 일의 부담을 덜어주기만 해도 그들의 (그리고 그들 밑에서 일하는 직원들의) 사기를 크게 진작할 수 있다. 회사에는 엄청난 집중력과 에너지를 요구하는 복잡한 일이 많지만, 이 메시지는 매우 단순하게 전달할 수 있다. '여기가 우리가 도달하고자 하는 목표 지점이고, 이것이 그곳에 도달하는 방법입니다.'

계획을 세우기 전에 생산적인 대화를 시작하라

맥도날드가 창업 초기에 품질, 청결, 서비스, 가치라는 네 가지 영역에 집중한 것도 전략의 단순화를 추구한 대표적인 사례다. 이 회사를 일개 지역 체인에서 글로벌 기업으로 키워낸 레이 크록Ray Kroc은 이 네 가지를 얼마나 강조했는지 때로 이렇게 말할 정도였다. "만일 내가 '품질, 청결, 서비스, 가치'라는 말을 반복할 때마다 벽돌을 한 장씩 찍어냈다면, 그 벽돌로 대서양을 횡단하는 다리를 세울 수 있을 것이다."[1]

2017년 맥도날드의 경영진이 회사 전략을 새롭게 갱신했을 때도 그들은 예전의 방식을 따라 "유지, 회복, 전환"이라는 간결한 주문呪文을 성장 전략의 키워드로 설정했다. '유지'란 기존의 우수 고객들을 놓치지 않는다는 뜻이며, '회복'은 경쟁사에 빼앗긴 고객들을 되찾는다는 의미다. '전환'은 어쩌다 한 번씩 자사의 제품을 소비하는 뜨내기 고객들을 충성 고객으로 만든다는 말이다.

2016년 게임회사 소니 인터랙티브 엔터테인먼트 월드와이드 스튜디오Sony Interactive Entertainment Worldwide Studios의 회장으로 부임한 숀 레이든Shawn Layden 역시 메시지의 명료함을 강조한 인물이다. 그는 전 세계에 근무하는 경영진으로부터 자신의 계획을 묻는 질문을 받았을 때 딱 세 가지로 정리해 답변했다.

내 계획은 매우 단순합니다. 당신이 새로운 게임의 아이디어를 떠올렸거나 무언가를 제안하려면 퍼스트, 베스트, 머스트라는 세 단어만 생각하세요. '퍼스트first'는 당신이 개발하고자 하는 게임이 과거에 존재한 적이 없는 전혀 새로운 콘텐츠인가 하는 것입니다. '베스트best'

는 당신이 제안하는 게임이 업계에서 최고인지를 묻는 겁니다. '머스트must'는 우리가 반드시 해야 할 일, 가령 소니가 제작한 가상현실 헤드셋을 지원하는 게임 콘텐츠를 개발하는 일을 의미합니다. 만일 당신이 구상한 게임이 퍼스트, 베스트, 머스트 중 어느 하나라도 충족하지 못한다면 우리는 그 게임을 제작하지 않을 겁니다.

이처럼 복잡성을 단순화하는 기술이 리더가 갖춰야 할 핵심 역량이라면, 그 기술을 어떻게 활용해서 '단순한 계획'을 개발하고, 그 전략을 중심으로 직원들을 결속할 수 있을까? 우리가 '단순한 계획'을 자동으로 작성해주는 편리한 워크시트라도 제공할 수 있다면 좋겠지만, 그런 방식은 별 효과가 없을 것이다. 당신의 목표는 복잡성을 제거하고 전략을 간결하게 압축하는 것이지, 반드시 해야 할 일까지 포함해서 모든 것을 과도하게 생략하는 것이 아니기 때문이다. 그렇기는 해도 우리는 이 책에서 당신이 경영진과 함께 '단순한 계획'을 개발하는 데 도움이 되는 일종의 개념적 틀을 제시할 수 있다고 믿는다. 그동안 우리가 여러 기업의 리더들과 함께 전략을 개발하는 과정에서 반복적으로 목격한 갖가지 문제나 함정을 피하는 법에 대한 통찰도 공유할 수 있을 것이다. 공동의 목표를 중심으로 조직을 결속하고, 목표를 달성하기 위한 '단순한 계획'을 수립하고, 그 계획의 진척 상황을 측정하는 방법을 개발하는 데는 많은 시간이 소요된다. '단순한 계획'을 창조하는 일은 발사를 앞둔 로켓의 궤도를 결정하는 일과 비슷하다. 각도가 조금만 어긋나도 로켓의 착륙 지점은 목표를 벗어나게 된다. 이 프로세스에는 적지 않은 인내심과 시간이 필요하지만, 당신이 발휘한 인내심은 전략의 신속한 실행으로 보상받게 될 것이다.

"내가 처음 이 역할을 맡았을 때, 공식적으로 취임하기 전까지 9개월의 이행기가 선물처럼 주어졌습니다. 그래서 나는 우리 팀과 함께 전략을 가다듬는 작업에 돌입했죠." 글로벌 컨설팅 기업 언스트앤영Ernst&Young의 미국 지역 회장 겸 수석 파트너인 켈리 그리어Kelly Grier의 말이다. "우리는 모든 의사결정을 심사숙고해서 내렸으며, 수많은 데이터를 철저히 분석하고 토론했습니다. 그 결과 공통의 비전이라는 목표에 도달할 수 있었습니다. 허심탄회한 대화를 통해 형성된 신뢰감과 통합적인 관점에서 사안을 바라보는 태도를 바탕으로 모두가 새로운 사고방식을 갖게 된 겁니다."

그렇다면 '단순한 계획'을 어떻게 개발할 수 있을까? 앞으로도 반복해서 강조하겠지만, '단순한 계획'을 세우라는 말은 팀과 생산적인 대화를 시작하라는 의미이지, 이 주제에 대해 결론을 선언하라는 얘기가 아니다. 게다가 우리는 다른 전문가들도 단순화와 조직의 결속을 이루는 데 도움을 주는 프레임워크를 다양하게 구축했으며, 그들의 견해도 고려할 만한 가치가 충분히 있다는 사실을 잘 알고 있다. 사모펀드 CCMP캐피털의 회장 그레그 브레네만Greg Brenneman은 콘티넨털 항공, 퀴즈노스, 버거킹, PwC컨설팅 같은 기업을 위해 실적 회복 전략을 수립한 경력이 풍부한 인물이다. 그는 자신이 투자나 인수를 고려하는 기업을 단 한 페이지로 분석하는 접근방식을 사용한다. 한 장의 종이를 세로 방향으로 네 칸으로 나누어 각각의 기둥에 시장, 재무 상태, 제품, 인재 등의 제목을 붙인 다음, 해당 기업이 각 영역에서 사업 성과를 개선하기 위해 취할 수 있는 주요 조치를 나열한다. "만일 한 장짜리 계획조차 작성하기가 어렵거나 그 기업의 핵심 가치를 파악하기가 곤란하다면, 그 회사를 다른 사람의 손에 넘기는 편이 훨씬 낫다는 사실을 금방 깨닫게 된다." 브레네만은 자신이 쓴《즉시, 그리고 단번에Right Away and All at Once》라는 책에서 이렇게 말했다.

인텔이 개발한 '목표 및 핵심 결과 지표Objectives and Key Results (OKRs)'라는 성과 측정 방식은 구글을 포함한 수많은 기업이 도입하고 있다. 그런가 하면 세일즈포스닷컴Salesforce.com의 회장 마크 베니오프Marc Benioff는 모든 직원을 공동의 목표를 중심으로 결속하기 위해 V2MOM(비전Vision, 가치Values, 방법론Methods, 장애물Obstacles, 측정 Measure)이라는 프레임워크를 개발했다. 물론 이 모든 접근방식에는 나름의 장점이 존재한다. 그러나 우리가 여러 회사의 경영진과 함께 일하면서 깨달은 사실 중 하나는, 그들이 '전략'이라는 단어에 대한 로르샤흐 검사처럼 '사명'이나 '비전' 같은 단어에도 비슷한 혼란을 느낀다는 점이다. 즉 사람마다 이 말의 뜻을 각자 다르게 해석하기 때문에 그 단어들의 의미와 목적에 대해 원론적인 논란이 불거지는 것이다. 이로 인해 오직 회사를 성장시킨다는 목표를 바탕으로 '단순한 계획'을 개발하는 작업이 혼란에 빠질 수 있다.

우리가 발견한 가장 유용한 프레임워크 중 하나는 음향기기 업체 하만인터내셔널Harman International의 전 CEO 디네시 팔리왈Dinesh Paliwal이 채택한 접근방식이다. 그는 이렇게 말한다.

우리는 이사회를 개최할 때 모든 비즈니스 전략을 한 페이지로 정리해서 참석자들에게 보여줍니다. 우리의 사업 목표를 단 한 줄의 핵심 메시지로 표현한다면? 우리가 진행 중인 세 가지 핵심 조치는? 우리 앞에 닥친 세 가지 도전은? 향후 12개월 동안 우리의 성공을 측정하는 기준은? 덕분에 우리 이사회 멤버들은 그 보고서를 읽고 쉽게 이해할 수 있습니다. 메시지를 단순화하는 것은 단지 하나의 기술이 아닙니다. 그건 하루아침에 습득할 수 있는 능력이 아니라 꾸준한 실천을 통해 획득해야 하는 습관입니다. 태어날 때부터 그 능력을 타고난 사람은 없습니다. 오직 시간과 노력을 들여 수행해야 하는 일입니다.

그렇다면 팔리왈의 모델을 구성하는 요소들은 무엇인지 좀 더 자세히 들여다보자. 모든 리더는 자신의 팀, 부서, 사업부의 목표와 전략을 명료하게 수립하는 데 이 모델을 활용하면 좋을 것이다.

그가 작성한 한 줄짜리 핵심 메시지는 "당신이 말하고자 하는 요점은 무엇입니까?"라는 케빈의 질문에 대한 명쾌한 답이 되어줄 것이다. 다시 말해 현재 진행 중인 업무를 구구절절 설명하거나, 회사를 소개하거나, 조직의 전반적인 방향을 언급하기보다 당신이 추구하는 목표를 명료하게 정리하라는 것이다. 가령 당신이 몇몇 회의적인 투자자(이를테면 〈샤크 탱크Shark Tank〉(스타트업 설립자가 투자자들에게 사업 계획을 설명하고 투자를 얻어내는 미국의 리얼리티 프로그램─옮긴이)에 출연한 투자자들)들을 설득해야 한다고 상상해보라. 또는 참을성 없는 이사회 멤버들로부터 "당신은 우리가 제공한 자원으로 무슨 일을 하고 있습니까?"라는 질문을 받았을 때 단 세 장의 슬라이드만 사용해서 5분 내에 답변해야 한다고 가정해보라. 아니면 업계 최고로 정평이 난 인재를 영입하기 위해 다섯 개 업체가 경쟁하는 상황에서 그 사람이 당신 회사를 선택해야 하는 원대하면서도 구체적인 이유를 일목요연하게 제시해야 할 수도 있을 것이다. 그런 일이 벌어졌을 때 승리를 위한 당신의 계획은 무엇인가?

조직의 전략을 간략하게 정리한 좋은 사례 중 하나가 2015년 뉴욕 타임스 컴퍼니에서 작성한 문건이다. 당시 이 회사의 사업적 전망은 암울했다. 수십 년 동안 이 신문사를 재무적으로 뒷받침했던 종이 신문의 광고 매출이 급격하게 하락하고 있는 데다가 온라인 광고 수입과 온라인 구독자의 증가율은 지지부진했다. 그런 상황을 타개하기 위해 경영진은 야심찬 목표를 세웠다. "우리의 목표는 향후 5년간 온라인 사업 매출액을 두 배로 늘려 2020년까지 온라인 분야에서만 8억 달러의 매출을 올리는 것이다. 이를 달성하기 위해서는 소비자 매출과 광고 매출의 기반이 되는 온라인 독자의 수를 두 배 이상 늘려야 한다."[2] 간결한 전략이란 바로 이런 것을 의미하지 않을까 싶다. 무엇을, 왜, 어떻게 해야 하는지를 두 문장으로 압축하고 있기 때문이다.

명확한 목표를 나침반으로 삼은 뒤에는 목표 지점에 도달할 방법을 찾기 위해 지도를 채워가야 한다. 그 목표를 달성하는 데 어떤 도구가 필요할까? 물론 그 도구가 열 개쯤 되어서는 안 된다. 아무리 많아도 서너 개를 넘지 말아야 하며, 당신이 이미 수행 중인 업무를 그

중 하나로 끼워 넣는 일도 금물이다. 어느 분야에 자원을 집중적으로, 그리고 더욱 강도 높게 투입해야 할까? 뉴욕타임스 컴퍼니가 활용한 도구들은 해외 독자의 수를 늘리고, 광고주들에게 흥미롭고 통합적인 온라인 광고 체험을 제공해 높은 가격 프리미엄을 획득함으로써 디지털 광고 매출을 신장하고, 독자들의 고객 경험을 개선하는 일 등이었다.

당신의 원대한 목표를 달성하는 데 필요한 도구들을 결정했다면, 이제는 회사의 조직도에 이 계획들을 반영해서 최고의 인재들을 해당 분야에 배치해야 한다. 사모펀드 클레이턴 더빌리어 앤드 라이스Clayton, Dubilier & Rice의 회장 돈 고글Don Gogel은 자신의 투자 포트폴리오에 포함된 기업들과 전략 회의를 진행할 때마다 이 점을 주기적으로 강조했다.

가장 중요한 문제 중 하나는 우수한 인재들이 핵심 프로젝트에서 일하고 있느냐는 겁니다. 우리는 항상 이런 질문으로 대화를 시작합니다. "이 회사의 우선순위 다섯 가지는 무엇입니까? 그 우선순위를 위해 일할 직원들은 누가 채용하고, 그들은 누구 밑에서 일합니까?" 기업들은 이 핵심 프로젝트를 직급이 몇 단계 낮은 직원들에게 배정하는 경우가 많습니다. 그들에게 상대적으로 시간적 여유가 있다는 이유에서죠. 하지만 그 프로젝트가 정말로 중요하다면 가장 우수한 직원에게 배정해야 합니다. 그렇지 않으면 조직 전체에 메시지의 혼선이 초래될지도 모릅니다. 최고의 인재가 조직의 최우선순위를 위해 일하도록 하는 것은 성공의 필수적인 요건입니다. 그런데 대부분의 기업이 이런 기본적인 사실을 무시하곤 합니다.

목표 달성을 위한 서너 가지 핵심 계획을 설정하는 일에 못지않게 중요한 작업은 회사가 직면한 문제와 도전 과제들을 명확히 알리는 것이다. 그러나 자신의 존재 이유를 직원들의 사기를 북돋는 치어리더쯤으로 여기는 일부 경영진은 이 일을 매우 불편하게 받아들인다. 그럼에도 불구하고 일선 직원들은 회사에 몰아치고 있는 맞바람을 이미 온몸으로 체감하고 있다.

2014년 뉴욕타임스 컴퍼니도 일종의 '진실의 순간'을 경험했다. 당시 이 회사의 보도국에서 몇몇 고위급 임원들을 위해 작성한 〈혁신 보고서Innovation Report〉라는 제목의 내부 문건이 외부로 유출되어 온라인 뉴스 사이트 버즈피드BuzzFeed를 통해 공개된 것이다. 꾸밈없는 필치로 솔직하게 서술된 이 보고서(당시 애덤은 이 문건을 작성한 보도국 소속이었다)에는 부서 간의 소통이 부족한 폐쇄적인 조직문화, 종이 신문과 웹사이트 홈페이지에 대한 경영진의 과도하고 시대착오적인 집착, 그리고 버즈피드나 〈허핑턴포스트〉 같은 온라인 뉴스 매체가 효과적으로 활용 중인 구독자 유치 전략의 더딘 도입 등 당시 뉴욕타임스 컴퍼니가 직면한 다양한 도전 과제들이 연대순으로 기술되어 있었다. 물론 경영진에게 자극을 주기 위해서라면 내부 문건을 밖으로 유출하는 것보다 덜 고통스럽고 공식적인 방법(가령 경영진에게 회사의 도전 과제들을 내부적으로 인지시키는 방법)이 있었을지 모른다. 그러나 이 문서의 목적은 회사가 얼마나 많은 어려움에 처해 있는지에 대한 이해를 모두가 공유하는 것이었다고 한다.

이제 마지막으로 필요한 것은 계획이 잘 진행되고 있는지를 측정하는 일이다. 당신이 사용할 스코어보드는 무엇인가? 뉴욕타임스 컴퍼니의 측정 기준은 오직 온라인 구독자 수였다. 이 회사의 비즈니스 대부분이 이 단일 지표(충성스러운 독자가 많을수록 광고 매출도 증가한다)에서 출발한다는 점을 감안하면 당연한 선택이었을 것이다. 4장에서 더 자세히 살펴보겠지만, 여기서는 이 회사가 그들의 '단순한 계획'을 철두철미하게 실행에 옮긴 끝에 8억 달러라는 온라인 매출 목표를 계획보다 훨씬 앞당겨 달성했다는 사실을 밝히고 싶다.

뉴욕타임스 컴퍼니의 사례는 다른 기업이나 산업 분야에서도 쉽게 적용이 가능할까? 물론 그렇지는 않을 것이다. 전통적인 비즈니스 모델이 더 이상 지속 가능하지 않아 회사가 새롭게 나아갈 방향을 긴급하게 재설정해야 하는 상황이라면 비즈니스의 포트폴리오가 다양한 다국적기업이나 기존에 수립한 전략을 이미 잘 실행 중인 회사들과 무관할지도 모른다. 그러나 복잡성을 단순화하는 일이 리더들에게 중요한 과제인 이유는 바로 여기에 있다. '단순한 계획'을 개발해서 조직에 활력을 주고, 직원들에게서 목표를 향해 나아갈 에너지를 이끌어내는 것은 바로 리더의 책무다. 조직의 목표를 적절히 설정하면 시장에서 승리하고자 하는 강력한 욕구를 중심으로 모든 구성원을 결속할 수 있다. 그들은 정확한 나침반을 손에 넣었고 직접 지도를 그릴 권한도 부여받았다. 반대로 리더의 메시지가 명료하지 않다면 그는 누구도 이해하기 어려운 모호한 문서만 남발하게 될 것이다. 그리고 직원들은 자신이 하고 있는 일이 조직의 더 큰 목표에 어떻게 기여하는지 모른 채 개인적인 업무에만 매달릴 것이다.

그동안 우리는 많은 기업의 경영진과 함께 일하며 그들이 '단순한 계획'을 개발하고자 하는 순간부터 공통적으로 맞닥뜨리게 되는 문제점들을 목격했다. 따라서 독자 여러분이 각자의 계획을 개발할 때 다음의 몇 가지 조언을 참고하면 좋을 것이다.

우선순위보다 결과에 집중하라

"우리는 지금 어떤 일을 하고 있는가?"라는 질문을 중심으로 논의의 틀을 짜기보다는 당신 자신에게 이렇게 물어보라. "우리가 목표를 달성하기 위해서는 무엇이 필요한가? 향후 12개월 동안 우리의 계획을 성취하는 데 필수적인 3~4개의 핵심 요소는 무엇인가?"

나이키의 CEO 존 도나호John Donahoe는 자신의 조직을 대상으로 다음과 같은 접근방식을 사용했다.

우선순위를 위한 우선순위는 위험합니다. 조직의 우선순위는 구체적인 결과물을 염두에 두고 설정되어야 합니다. 또 측정이 가능해야 하고요. 물론 모든 대상을 수량화해서 측정할 필요는 없습니다. 예를 들어 연말까지 새로운 제품을 한두 개 출시해서 다음 해에 대비하는 것을 목표로 삼을 수도 있겠죠. 모든 대상에 수치화된 측정 지표를 적용할 필요는 없지만 문제는 어떤 목표가 됐건 우리가 이를 달성했느냐, 또는 그 목표를 추구하는 데 필요한 세부 사항들을 파악하고 있느냐 하는 겁니다.

건강보험 회사 애트나Aetna의 전 CEO 론 윌리엄스Ron Williams는 경영진에게 구체적인 결과물에 초점을 맞춘 기획 프로세스를 주문하기 위해 다음과 같은 기발한 은유를 창조해냈다.

사람들에게 전략을 설명하는 가장 간단한 방법은 타임머신에 비유하는 것이다. 당신이 타임머신을 타고 5년 후의 미래로 간다고 상상해보자. 그곳에서 내린 당신은 주위에서 벌어지는 모든 일을 세심하게 관찰할 것이다. 누가 시장에서 승자가 됐을까? 그들이 승리한 비결은 무엇일까? 지금 세상에서는 어떤 일이 벌어지고 있을까? 그리고 당신은 다시 타임머신을 타고 현재로 돌아온다. 전략이란 이처럼 당신을 미래와 연결해주는 다리와 같다. 명확한 전략을 수립하면 직원들을 결속하는 데 도움이 되고 조직에도 확고한 방향을 제시할 수 있다. 당신이 어떻게 현실을 정의하고 조직을 어떤 방향으로 이끌어갈지 모두가 알고 있기 때문이다. 당신이 제시한 비전이라는 이름의 그림이 생생하고 선명할수록 직원들은 미래에 대한 구체적인 희망과 기대를 품게 된다. 당신이 조직 구성원들을 체계적으로 결속했을 때, 모두를 실은 배는 시원하게 물을 가르며 성공을 향해 나아갈 것이다. 계획이나 전략을 수립하는 이유는 세상의 모든 일이 당신 생각대로 이루어지기 때문이 아니다. 반대로 일이 예상에서 벗어났을 때 무엇을 바꾸고 어떤 조치를 취해야 할지 정확히 이해하기 위해서다.

타임머신에 대한 윌리엄스의 은유는 또 다른 중요한 고려 사항을 우리에게 제시한다. 당신의 계획을 펼칠 시간의 지평을 설정하라는 것이다. 스타트업이라면 1년 정도를 염두에 둔 계획이 타당할 것이다. 규모가 크고 연혁이 오래된 회사라면 3년에서 5년 후를 내다보고 계획을 수립해야 한다.

불필요한 내용을 가차 없이 편집하라

'단순한 계획'을 수립하는 일은 관련자들이 각자 선호하는 화제를 나열하는 게임이 아니다. 이 과정의 목적은 최고경영진이 향후 취할 행동을 간결하게 요약하는 것이다. 우리가 원하는 결과를 얻기 위해 새롭게 또는 더 강력하게 집중해야 할 부분은 무엇인가? 당신이 작성한 문서에 어떤 동사가 사용됐는지 유심히 살펴보라. 만일 글머리 기호가 찍힌 항목에 "무엇 무엇을 지속한다" 같은 용어가 쓰였다면, 그 항목은 삭제해도 좋다. 당신 회사가 늘 하고 있는 일을 서술한 문장일 테니 말이다.

화려한 수식어나 어려운 전문 용어도 피해야 한다. 인재 파견회사 AMN헬스케어의 CEO 수전 살카Susan Salka는 자신의 아버지에게서 배운 교훈을 이렇게 이야기한다.

아버지가 즐겨 쓰던 표현 중의 하나는 복잡한 일을 단순하게 정리함으로써 주위 사람들을 편안하게 만들어주는 일과 관련이 깊었다. 만일 어떤 사람이 아버지 앞에서 거창한 단어를 사용하며 두서없이 이야기를 늘어놓거나 정신 사납게 행동하면 아버지는 이렇게 말하곤 했다. "당신이 하려는 말이 소인지 닭인지 감자인지 설명해주겠소?" 당시 나는 그 말이 바보 같다고 생각했다. 소와 닭과 감자 사이에 무슨 관계가 있다는 말인가? 몇 년이 흐른 뒤에야 비로소 아버지의 메시지를 깨달았다. 당신이 하고자 하는 말을 간결하게 요약하라는 것이다. 어떤 일이든 너무 복잡한 것은 금물이다. 그동안 내가 리더의 자리에서 오랜 시간을 보내며 얻은 진정한 교훈 중 하나가 바로 그것이다. 회사의 전략이나 비즈니스 자체가 복잡할 수는 있다. 하지만 훌륭한 리더라면 그것을 남들이 쉽게 이해하도록 설명하는 능력을 갖춰야 한다. 당신은 일선 직원들도 이해하는 비전을 창조할 수 있는가? 그리고 직원들이 그 비전을 달성하는 데 어떤 역할을 담당할지 설명할 수 있는가?

'단순한 계획'을 개발하는 일의 문제점 중 하나는 이 작업이 성공적으로 완료되었을 때 당신의 경력에 위협이 가해질 수도 있다는 것이다. 구체적인 결과물이나 목표 지점을 설정하지 않은 채 "우리가 이미 진행 중인 일을 계속 추진하는 것을 우선순위로 삼는다"라는 사고방식에 따라 계획을 수립하는 것은 어려운 일이 아니다. 성공이 확실히 보장되기 때문이다. 하지만 '단순한 계획'은 조직 구성원들로부터 "과연 달성이 가능할까?"라는 우려를 불러일으킬 만큼 야심찬 목표가 되어야 한다. 물론 조직이 공동의 목표를 달성했을 때 적절한 인센티브를 제공하는 보상 대책도 함께 마련되어야 한다.

리더의 역할은 도전적이고 높은 지향점을 설정하는 것이다. 그러나 최고경영진 중에는 도전적인 목표를 수립하는 일을 꺼리는 사람이 많다. 현재의 위치에 도달하기까지 오랜 시간 열심히 일한 그들은 이 상황을 되도록 오래 누리고 싶어 하기 때문이다. 따라서 그들은 달성 가능한 수준으로 목표를 교묘하게 조정하는 접근방식을 택한다. 말하자면 "무엇보다 사람에게 해를 끼쳐서는 안 된다"라는 히포크라테스 선서의 비즈니스 버전인 셈이다. "나는 예전에 어느 CEO에게 '이것도 비즈니스라는 여정의 일부입니다'라는 말을 더는 듣고 싶지 않다고 질책했던 적이 있습니다." 워버그핀커스의 파트너였던 크리스 브로디의 말이다. "내가 알고 싶은 것은 그 여정의 목적지입니다."

"전문가 병病"을 조심하라

사람들은 자신의 전문 영역에 너무 깊이 매몰된 나머지 사소한 일에도 민감하게 반응하는 경향이 있다. 그러다 보면 나무에만 집착하고 숲 전체를 바라보는 데 어려움을 겪게 된다. 그들은 자신에게 명백한 무언가가 다른 사람들에게는 그렇지 않을 수도 있다는 사실을 인식해야 한다. 하지만 그들은 '단순한 계획'에 필수적으로 포함되어야 하는 요소들을 누구나 알고 있는 진부한 상식쯤으로 치부하기 일쑤다. "그런 건 너무나 당연한 얘기 아닌가요." 우리와 함께 일했던 어느 기업의 임원은 '단순한 계획'을 수립하는 연습 과정에 참석해 이렇게 말했다. 그들은 시장에서 성공을 거두는 데 필요한 핵심 전략에 집중하는 대신 의사결정의 권한이나 다음 분기의 예산 같은 내부적이고 지엽적인 사안에만 신경을 쓴다. 효과적으로 수립된 '단순한 계획'의 가장 큰 장점은 밥 아이거의 세 가지 전략처럼 누구나 명백하게 이해할 수 있다는 것이다.

사람들이 전문가 병에 걸려 방향을 상실하는 또 다른 이유는 복잡함이 자신의 일자리를 지켜주기 때문이다. "이 일이 얼마나 복잡한지 아무도 모를 거야. 이 회사는 내가 없으면 굴러가지 못할걸." 사안의 핵심을 포착하는 것은 리더의 책무다. "만일 우리가 CEO들에게 '당신에게 가장 중요한 것은 무엇인가요?'라고 물으면 대다수가 글씨가 빽빽하게 채워진 스물한 장쯤 되는 문서를 내밀며 여기에 다 들어 있다고 말할 겁니다." CCMP의 그레그 브레네만은 이렇게 말한다.

"그런 건 전혀 쓸모가 없어요. 당신의 한 페이지짜리 계획은 무엇입니까?"

테스트하라

우리가 올바른 계획을 수립했다는 사실을 어떻게 알 수 있을까? 당신이 경영진과 머리를 맞대고 '단순한 계획'의 수립을 완료했다면, 이제는 직원들을 포함한 일단의 핵심 그룹과 함께 그 계획에 대한 일종의 '압력 테스트'를 실시할 때가 됐다. 당신이 CEO라면 테스트를 실시할 대상에 이사회의 주요 멤버들을 포함시켜야 한다. 어쨌든 그 전략을 최종적으로 승인할 사람은 바로 그들이기 때문이다. 그 계획에서 무엇이 분명하고 무엇이 불확실한가? 누락된 점은 없는가? 직원들은 자신의 업무가 이 계획에 어떤 쓸모가 있는지 알고 있는가? 그들은 매일의 업무를 통해 무엇에 집중해야 하며, 그것이 왜 중요한지 이해하고 있는가? 그들은 업무의 진척 상황을 측정하는 스코어보드를 분명히 파악하고 있는가? 그 전략은 '복도 테스트'를 통과할 만큼 기억하기 쉬운가? 다시 말해 당신이 복도에서 마주친 열 명의 직원 각자에게 회사의 전략이 무엇인지 물었을 때, 그들은 똑같은 답을 하는가, 아니면 제각기 다른 대답을 하는가? 요컨대 이 계획은 직원, 이사, 고객, 투자자들을 포함한 모든 사람이 똑같이 이해하고 기억할 수 있어야 한다.

지금까지 논의한 모든 권고 사항을 당신이 완벽하게 실천한 결과, 이제 당신의 손에 '단순한 계획'이 들려 있다고 가정해보자. 그 전략은 간결하면서도 명료하다. 모든 사람이 서로 손을 맞잡고 함께 일할 준비가 되어 있다. 축하한다. 당신은 리더로서 여정의 절반을 마친 셈이다.

지금부터는 리더십의 가장 중요한 원칙을 실행에 옮길 차례다. 세상에 과도한 소통이라는 말은 존재하지 않는다. 당신은 이 '단순한 계획'을 끝없이 반복해서 전달해야 한다. 아무리 중복적인 메시지라고 해도 어쩔 수 없는 노릇이다.

"처음에는 똑같은 이야기를 얼마나 더 반복해야 하는지 회의를 느낄 정도였습니다." 사무용 가구업체 허먼밀러Herman Miller의 CEO 앤디 오언Andi Owen은 이렇게 말했다. "그러다 우리 회사에 8000명의 직원이 근무한다는 사실을 깨달았어요. 내가 방문하는 사업장의 직원들은 대부분 나를 처음 보는 사람들입니다. 따라서 그들을 만날 때마다 핵심 메시지를 전해야 합니다. 조직의 방향을 결정하고, 소통하고, 사기를 북돋는 것이 내 일이기 때문이죠. 사실 CEO가 되면 다른 일을 하는 데 훨씬 더 많은 시간을 보낼 거라고 생각했어요. 하지만 지금은 하루의 대부분을 직원들과 소통하며 보냅니다."

호텔 기업 힐튼월드와이드Hilton Worldwide의 CEO 크리스토퍼 나세타Christopher Nassetta도 오언과 비슷한 통찰을 얻었다. "큰 조직을 이끄는 리더들은 더 각별한 주의를 기울여야 합니다. 똑같은 이야기를 자주 반복하다 보면 싫증이 날 수도 있어요. 그래서 내용을 바꾸거나 짧게 생략하고 넘어가기도 하죠. 같은 말을 그토록 여러 차례 되풀이했으니 이제 더 듣고 싶어 하는 사람은 없을 거라고 생각하는 겁니다. 하지만 그 일을 멈춰서는 안 됩니다. 우리 회사만 해도 내 이야기를 들어야 할 직원이 전 세계에 42만 명이나 됩니다. 그 정도 얘기했으니 이제는 충분하다고 절대 말할 수가 없어요. 당신에게는 일상적이고 진부한 이야기도 그렇게 받아들이지 않을 사람이 많기 때문이죠. 이렇게 큰 조직에서 일하면서 내가 얻은 가장 중요한 교훈 중의 하나가 그겁니다."

직원들에게 회사의 전략을 지속적으로 상기시켜야 할 필요성은 경우에 따라 다소 논란이 될 만한 주제일 수도 있다. 어쨌든 대부분의 직원은 똑똑한 사람들이니, 매주 같은 이야기를 반복해서 듣는다면 리더가 제시하는 '단순한 계획'의 핵심을 금방 기억하지 않을까? 보험 산업 전문 소프트웨어 개발업체인 가이드와이어Guidewire의 회장 겸 공동 설립자인 마커스 류Marcus Ryu가 얻은 통찰은 그 질문에 대한 답이 될 수 있다. "내가 깨달은 바에 따르면 집단의 규모가 커질수록 집단 전체가 더욱 멍청해진다는 겁니다. 그들 개인이 얼마나 똑똑한지는 상관이 없습니다. 당신은 아인슈타인 같은 천재들로 방 하나를 가득 채울 수도 있겠지만, 만일 아인슈타인이 200명에서 300명쯤 된

다면 당신은 보통 사람들을 대하듯 그들에게 이야기해야 합니다. 청
중의 규모가 클수록 메시지는 단순해야 하며, 강조할 항목의 리스트
도 짧아야 합니다."

컨설팅 기업 킹스랜섬King's Ransom의 CEO 제프 불레타Geoff Vuleta
가 들려주는 경고에서도 메시지를 반복적으로 전달하는 일의 중요성
을 포착할 수 있다. "직원들에게는 절대 소통의 공백 상태를 제공하
면 안 됩니다. 그들은 그 즉시 뭔가 잘못되었다고 생각할 겁니다." 기
업이라는 조직은 본능적으로 소통의 공백을 싫어한다. 만일 리더가
직원들에게 아무런 말을 하지 않고 입을 꾹 다문다면, 그들은 어두운
방으로 몰려가 저마다의 서사를 지어내고 음모론이나 최악의 상황에
대한 시나리오를 순식간에 퍼뜨릴 것이다. 불확실성은 걷잡을 수 없
는 불안감의 확산을 초래한다.

"직원들은 당신이 별 의미 없이 한 말이나 행동에서도 뭔가 의미를
찾아냅니다." 사이버 보안 기업 앱솔루트소프트웨어Absolute Software의
CEO 크리스 와이엇Chris Wyatt은 이렇게 말한다. "직원들은 소통의 공
백 속에서 나름대로 이야기를 만들어요." 그녀는 예전에 굿테크놀로
지Good Technology라는 회사를 운영할 때 우연한 계기를 통해 이 사실
을 절실하게 깨달았다. 이 회사는 실리콘밸리의 다른 스타트업들과

마찬가지로 주방에 직원들을 위한 스낵과 음료를 비치해두었다. 어느 날 그들은 스낵을 공급하는 업체를 바꾸기로 했다. 이 때문에 새로운 업체가 납품을 시작하기 바로 전 주에는 스낵이 거의 떨어진 상태였다. "어쩌다 보니 우리는 업체를 바꿨다는 사실을 직원들에게 미처 알리지 못했어요. 그 상황에서 간식이 바닥난 거죠. 그러자 직원들이 수군대기 시작했어요. '아마 감원이 시작될 것 같아. 왠지 느낌이 안 좋은걸.' 결국 나는 전 직원 회의에서 해명해야 했어요. '여러분, 잠시 간식이 떨어진 것뿐입니다. 아무 일도 아니에요.' 소통하지 않으면 사람들은 사소한 부분에서도 어떤 상징을 발견합니다. 그리고 아무런 의미가 없는 곳에서도 의미를 찾아내요. 이제 우리는 지나칠 정도로 자주 소통을 합니다. 중요한 주제뿐 아니라 사소한 일에 대해서도 대화를 나눠야 해요. 그래야 직원들이 상상의 나래를 펴는 일을 막을 수 있으니까요."

FM글로벌FM Global이라는 손해보험사의 CEO 톰 로슨Tom Lawson도 연구개발 부서를 총괄하던 부사장 시절에 비슷한 경험을 했다. 어느 날 아침 그가 회사에 도착했을 때 비가 쏟아졌다. 그는 주차장에 차를 세운 뒤 영상 회의에 늦지 않으려고 서둘러 회사 건물로 뛰어 들어갔다. 그리고 비에 흠뻑 젖은 채 안내 데스크를 그냥 지나쳐 자신의 방으로 들어가자마자 문을 닫아걸었다. 그로부터 세 시간쯤 후에 연구개발 부서장이 문을 두드렸다. "직원들 사이에 이상한 말이 돌고 있습니다. 회사 재무 상황이 안 좋아서 우리 연구 업무를 외부에 아웃소싱할 거라는 겁니다." 로슨은 깜짝 놀라 직원들이 왜 그렇게 생각하느냐고 물었다. "오늘은 회사 실적 발표가 있는 날인데, 부사장님이 서둘러 사무실로 뛰어 들어왔고, 그 뒤 아무 말도 하지 않았으니까요." 그의 동료는 이렇게 말했다. "자네는 사무실 문을 닫아버림으로써 그곳에 스스로를 가둔 거야." 사실 회사의 재무 상태는 아무런 문제가 없었다. 하지만 로슨은 리더의 단순한 행동이 직원들에게 얼마나 잘못 해석될 수 있는지에 대해 큰 교훈을 얻었다. "모든 직원이 당신에게 촉각을 곤두세우고 있습니다. 중요한 건 당신의 말이 아니라 행동입니다." 그는 이렇게 말한다. "당신이 직원들과 소통하지 않는다면, 그들은 스스로 이야기를 지어낼 것이고, 그 이야기의 대부분은 부정적인 내용일 겁니다."

다시 한번 강조하지만, 당신이 수립한 전략을 끊임없이 반복해서 전달하라. 당신이 입을 떼기도 전에 무슨 얘기가 나올지 직원들이 미리 알 정도가 됐다면 이 메시지를 내면화했다는 뜻이다. 당신은 그 점에 있어서는 성공을 거뒀다고 생각해도 좋다. 전략의 요점을 직원들에게 각인시키기 위해서는 생각보다 훨씬 많은 양의 소통을 갖가지 형태(전 직원 회의, 이메일. 웹캐스트 등)로 실시해야 한다. 집단적 주의력이 지속되는 시간은 아주 짧기 때문에 거기에 맞서 싸우기 위해서는 다양한 소통 방법이 필요하다.

"직원들에게 '우리가 향하는 곳이 여기고, 우리의 우선순위는 이것입니다'라고 말했을 때, 그들이 얼마나 큰 혼란을 겪는지 금방 느낄 수 있습니다." 전미여자농구협회(WNBA) 대표이사를 지낸 로럴 리치Laurel Richie는 이렇게 말했다. "내가 항상 하는 말이 있습니다. 내 업무 중 하나는 토끼들을 상자 안에 잘 가둬두는 일(직원들이 조직의 목표에 자신감을 갖고 업무에 열중하도록 관리한다는 의미-옮긴이)이라는 겁니다. 당신이 리더로서 업무를 시작할 때는 토끼들이 상자 안에 얌전히 들어가 있을지도 모릅니다. 그러다 어떤 사람이 좋은 아이디어를 생각해서 뭔가 새로운 일을 시작하면, 당신은 *그가* 일을 잘 해낼 수 있도록 여러모로 돕게 됩니다. 그 과정에서 토끼 한두 마리가 상자에서 뛰쳐나가기 마련이죠. 더 많은 토끼가 상자를 이탈할수록 우리의 우선순위나 전략적 초점에 대해 소통이 부족했다는 사실을 깨닫게 됩니다."

모든 리더는 나름대로 사각지대를 갖고 있다. 즉 리더 스스로 판단하는 자신의 모습과 직원들이 리더를 바라보는 인식(이 맥락에서 보면 직원들의 인식이 바로 현실을 의미한다) 사이에 괴리가 존재한다는 의미다. 이런 괴리가 가장 크게 드러나는 대목이 바로 전략에 대한 문제다. 리더의 머릿속에서는 명확하고 단순한 전략이, 다른 사람들에게는 불확실하고 애매모호하게 받아들여지곤 한다. 비즈니스의 세계에는 실제보다 일을 더욱 복잡하게 만드는 강력한 중력이 작용한다. 리더의 책무는 복잡성을 단순화함으로써 중력의 반대 방향으로 힘을 분배해 균형을 잡는 것이다. 당신에게는 누구나 이해하고 쉽게 기억할 수 있으며, 각자가 어떻게 성공에 기여할 수 있는지를 간결한 언어로 제시하는, 승리를 위한 단순한 계획이 필요하다. 물론 그 '단순한 계획' 자체도 당신이 다양한 방식으로 사업을 추진하면서 얻은 통찰이 더해져 계속 진화할 것이다. 하지만 계획만 명확하다면 시장

환경의 변화에 따라 무엇을 언제 어떻게 바꿔야 하는지 분명히 파악할 수 있다.

"내 업무의 일부는 토끼들을 상자 안에 잘 가둬두는 일이다."

– 로럴 리치, 전미여자농구협회전 대표이사

"당신이 말하고자 하는 요점은 무엇입니까? 그래서 우리가 무엇을 해야 한다는 말이죠?"라는 케빈의 질문은 당신의 조직에 복잡성을 단순화하는 습관을 정착시키는 지름길이 될 수 있다. 당신은 이 질문을 항상 염두에 두고 명확한 목표, 이를 달성하는 데 필요한 도구, 앞 길을 가로막는 도전 요소, 진척 상황을 측정하기 위한 성적표 등을 중심으로 조직 구성원을 결속할 수 있는 '단순한 계획'을 디자인해야 할 것이다.

당신은 참다운 기업문화를
창조할 수 있는가?

기업문화의 본질은 리더가 자신의 말을 실천하는 것이다

리더들에게 기업문화는 가장 혼란스러우면서도 성가신 주제 중 하나일지도 모른다.

무엇보다 기업문화의 중요성에 대해 수많은 사람의 관점이 엇갈린다. 어떤 사람들은 대차대조표나 손익계산서와 아무런 관련이 없는 주제라며 논의 자체를 회피한다. 그런 감상적인 용어에 시간을 낭비하느니 스프레드시트에 적힌 숫자에 신경을 쓰는 편이 더 낫다는 것이다. 또 일부 기업에게 기업문화란 홈페이지의 '회사 소개'란에 적힌 조직의 가치 운운하는 두루뭉술한 몇 줄의 문장일 뿐 그 이상의 의미를 넘어서지 못한다.

또 기업문화는 직원들에게서 종종 냉소주의를 불러일으키는 주제이기도 하다. 거기에는 그럴 만한 이유가 있다. 기업이 연루된 각종 스캔들은 종종 언론의 헤드라인을 장식한다. 이들 사건을 분석하다 보면 그 뿌리는 어김없이 기업문화의 문제와 맞닿아 있다는 사실이

드러난다. 다시 말해 기업이 공식적으로 천명한 가치와 임직원들, 특히 리더들의 행위 사이에 크나큰 괴리가 존재하는 것이다. 트래비스 캘러닉Travis Kalanick이 우버Uber CEO였을 때, 한 우버 기사와 가격 인하 정책에 대해 논쟁을 하다 기사에게 막말을 하는 동영상이 유포되었다. "어떤 사람들은 자신이 싸질러놓은 xx(욕설)에 대해서도 책임을 지려 하지 않아요." 캘러닉은 이렇게 목소리를 높였다. "그러면서 자기 인생이 잘못된 것을 남 탓으로 돌리지요."[1] 당시 우버가 내세우던 가치 중 하나는 '원칙에 입각한 상황 대처'였다.

한편 리더 입장에서 기업문화는 좌절의 원천이기도 하다. 요즘처럼 직원들이 자기 의견을 스스럼없이 주장하는 시대에는 리더가 앞장서서 조직의 문화를 주도하거나 이에 대해 영향력을 발휘하기가 어렵다. 직원들의 요구가 많아질수록 회사가 직원들에게 무엇을 기대하느냐가 아니라 직원들이 회사로부터 무엇을 기대하느냐로 논의의 초점이 바뀐다. 실리콘밸리의 기업들은 직원들에게 솔직한 생각을 기탄없이 드러낼 것을 권한다. 수많은 직원이 '반대 의견을 제시할 의무'라는 회사의 독려에 힘입어 소셜미디어 등을 통해 자신의 견해를 밝힌다. 그들은 이민법에 대한 회사의 입장에서부터 어떤 제품을 누구에게 팔 것인가 하는 논의에 이르기까지 다양한 주제에 대해 의견을 나눈다.

대표적인 사례가 2018년 구글이 군사용 인공지능을 개발하는 것에 대한 항의의 표시로 이 회사의 직원 3100명이 CEO 순다르 피차이Sundar Pichai에게 공개서한을 발송한 일이다. "우리는 구글이 전쟁이라는 비즈니스에 참여해서는 안 된다고 믿습니다." 2020년 초에는 프랑스 최대의 출판그룹 아셰트Hachette의 직원들이 입양한 딸을 성추행했다는 논란에 휩싸인 배우 우디 앨런의 회고록을 출판하겠다는 회사의 방침에 반기를 들고 파업에 돌입했다. 회사는 결국 출판 계획을 접었다. 조지 플로이드George Floyd라는 흑인 남성이 경찰의 과잉진압으로 사망하는 사건이 벌어졌을 때, 페이스북의 직원 수백 명은 도널드 트럼프 대통령의 막말에 가까운 게시물을 회사가 그대로 방치하는 데 항의해서 '가상 파업'에 나서기도 했다. 리더들은 민주주의 제도 자체에는 찬성하겠지만, 모든 주요 의사결정을 직원들의 투표에 의존해야 하는 상황을 바라지는 않을 것이다.

이런 상황에 좌절해서 기업문화라는 주제를 아예 외면하고 싶은 충동을 느끼는 리더들도 있을지 모른다. 그러나 조직에 강력한 문화를 구축하는 일은 리더십의 핵심 요소 중 하나이자, 기업의 성공을 좌우하는 또 다른 중요한 테스트다. 훌륭한 기업문화는 좋은 인재를 채용하고 유지하는 데 도움을 준다. 말하자면 모든 사람이 가입하고 싶어 하는 특별한 클럽을 설립한 뒤, 가입자들로 하여금 힘을 합쳐 그 클럽을 보호하도록 만드는 것이 기업문화의 역할인 셈이다. 성공적인 기업문화는 직원들의 자아관 속에 깊숙이 자리 잡는다. 특히 회사의 비즈니스 목표와 조직 구성원의 정체성이 연계되는 방향으로 기업문화가 정착한다면 가장 이상적일 것이다.

"기업문화는 마치 종교와 같은 겁니다." 블랙 엔터테인먼트 텔레비전Black Entertainment Television(BET)의 공동 설립자 로버트 존슨Robert L.

Johnson은 이렇게 말한다. "직원들은 조직의 문화를 받아들이고, 그 가치를 인정합니다. 그 과정에서 약간의 이단은 용납될 수 있지만, 도가 지나치면 안 되죠."

오늘날 직업이란 삶의 의미, 사회에 대한 기여, 이상적인 인간형 등 그 사람의 정체성을 의미하기에 이르렀다. 하지만 조직 구성원의 행위에 대한 명확하고 일관된 지침이 존재하지 않거나 최고경영진이 솔선수범해서 그 지침을 따르지 않는다면, 기업문화는 기능 장애, 불안감, 공포, 혼란 등에 자리를 내줄 수밖에 없다. 그런 회사는 심판도 규칙도 없는 상태에서 축구 경기를 치르는 것과 비슷한 혼란을 유발함으로써 직원들에게서 최고의 성과는커녕 최악의 결과를 이끌어내게 될 것이다.

세상에 '올바른' 기업문화란 없다. 마치 전 세계에 수많은 나라가 존재하지만 특정 국가의 문화가 '옳다'고 말할 수 없는 것과 같은 이치다. 스타트업의 기업문화는 설립된 지 150년쯤 된 〈포춘〉 100대 기업들의 문화와 전혀 다를 것이다. 또 창작자들로 구성된 회사의 기업문화는 사람의 생명을 다루는 의료 분야의 기업들에 비해 훨씬 자유분방할 수 있다. 그럼에도 일부 사려 깊은 리더는 기업문화의 중요성에 대한 인식을 제고하기 위해 회사가 제창한 가치에 근거해서 직

원들의 행위를 평가하고, 조직의 가치를 잘 지켜낸 직원들을 주기적으로 포상하고, 인력을 채용·승진·해고하는 의사결정에 회사의 가치를 반영하는 관행을 지속적으로 지켜왔다. 직원들을 대상으로 주기적인 설문조사를 실시해서 관리자들의 행동이 회사가 선언한 가치에 부합하는지를 묻는 것도 필수적인 과정이다. 직원들이 회사에서 무엇을 보고 듣고 경험하는지에 대한 철저한 검증이 선행되지 않는다면, 개인적 주장과 신념에 매몰된 리더들은 눈을 가린 채 회사라는 자동차를 운전하는 것과 다를 바 없는 상황에 처하게 된다. 가장 중요한 일은 조직의 최상층부에 자리 잡은 임원진이 가치의 전도사가 되어 말과 행동의 불일치를 없애는 것이다. 그리하여 모든 사람이 공허한 말잔치가 아닌 확고한 행위의 토대로서 조직의 가치를 인식하게 되면 직원들은 기업문화를 내면화하고 더 강력한 주인의식을 갖게 될 것이다.

이 주제를 독자들에게 더욱 생생한 언어로 전달하기 위해, 우리는 어느 회사가 조직의 문화를 구축하는 과정에서 채택한 접근방식을 상세히 살펴보려고 한다. 샌프란시스코에 소재한 클라우드 기업 트윌리오Twilio의 이야기다. 우리는 이 회사의 기업문화가 다른 회사들의 기업문화에 비해 더 '옳다'고 말하려는 것이 아니다. 다만 트윌리오의 사례는 직원들에게 기업문화를 인식시키고 이를 매일의 삶에서 실천하도록 독려하는 과정에서 선순환을 만들어낸 모범적인 경우라고 할 수 있다. 트윌리오의 공동 설립자 겸 CEO인 제프 로슨Jeff Lawson은 특히 기업문화에 관심이 많은 사람이다. 이제 잠시 로슨에게 가상의 마이크를 넘겨 그가 이 사례를 통해 얻은 통찰을 여러분과 함께 나누고자 한다.

✖●✖

로슨은 어린 시절부터 사업에 남다른 소질을 보였다. 디트로이트에서 성장한 그는 열두 살에 처음 회사를 차렸다. 결혼식, 생일 파티, 유대인의 성인식 같은 행사를 비디오테이프에 담아주는 회사였다. 고등학교를 졸업할 무렵에는 일주일에 수천 달러를 벌어들일 정도로 수입이 늘었다. 그는 10대부터 틈틈이 배운 프로그래밍 기술을 활용해서 산업용 프린터의 소프트웨어를 제작하던 친구 아버지 회사에서 컴퓨터 프로그래머로 일했다. 로슨은 어릴 때부터 할아버지를 보며 직업에 대한 윤리의식을 갖게 되었다고 말한다. 주위 사람들에게 '파파 빅Papa Vic'이라고 불리던 그의 할아버지는 40년 동안 페인트 사업을 했다. 나이가 들어 사업체를 정리한 뒤에도 다른 사람의 차를 얻어 타고 페인트 관련 부대용품을 여러 지역의 소매업체들에 납품하면서 90세가 될 때까지 손에서 일을 놓지 않았다. "할아버지는 말 그대로 돌아가시는 날까지 일하셨어요." 로슨의 말이다. "디트로이트의 모든 철물점 주인이 할아버지 장례식에 참석했어요. 놀라운 일이었죠."

미시간대학교에서 영화와 컴퓨터공학을 전공한 로슨은 재학 중에 몇몇 회사를 부업으로 설립했는데, 그중 하나가 노츠포프리Notes for

Free라는 스타트업이었다. 그는 대학생들을 고용해서 강의 노트를 필사하게 하고, 이를 웹 기반의 시스템에 올려서 사용자들에게 무료로 제공했다. 그리고 이 사이트에서 광고를 판매해 수입을 벌어들였다. 로슨은 투자자들로부터 소액의 자금을 조달해 회사 규모를 어느 정도 키웠다. 그러다 4학년 때 사업에 전념하기 위해 대학을 중퇴했다. 직원 수가 50명 정도로 늘어난 1999년 말, 이 회사는 전 직원과 함께 앤아버에서 실리콘밸리로 옮겨갔다. 로슨이 첫 번째 회사를 설립했을 때는 다른 많은 창업자처럼 기업문화에 신경 쓸 겨를도, 관심도 없었다. 하지만 주먹구구식의 회사 분위기 탓에 좀 더 숙련된 전문가를 영입하는 데 지장이 있다는 사실만은 어렴풋이 알 수 있었다. 로슨은 다음과 같이 회고했다.

그들은 회사를 둘러보며 이렇게 생각하는 것 같았다. 뭐 이런 곳이 다 있어? 우리는 9개월이 넘는 동안 단 한 명의 고급 기술자도 채용하지 못했다. 당시 나는 그 이유를 깊이 생각해보지 않았다. 그러기에는 경험이 너무 부족했다. 하지만 지금 돌이켜보니, 우리가 그런 문화를 일부러 만든 것은 아니었지만 회사 분위기가 엉망이었다는 사실만은 분명했다. 전문가들의 눈에 비친 우리 회사는 그저 여러 사람이 분주하게 돌아다닐 뿐, 뚜렷한 목표도 없고 문화도 존재하지 않는 조직이었을 것이다. 우리가 미시간에서 기술기업을 운영할 때는 그런 식으로도 그럭저럭 유지할 수 있었다. 하지만 실리콘밸리 사람들은 훌륭한 기업문화를 알아보는 눈을 갖고 있었다. 문화라는 게 아예 존재하지 않는 회사에 그들이 매력을 느꼈을 리 만무하다. 자기가 일할 회사가 어떤 곳인지도 모르고 입사할 수는 없었을 테니까.

로슨은 이미 주식시장에 상장되어 있던 경쟁 기업에 노츠포프리를 매각했다. 그러나 양사의 지분을 교환하는 방식으로 회사를 넘긴 탓에 닷컴 거품이 꺼지면서 주식은 순식간에 휴지 조각이 되어버렸다.

로슨은 그 후 두 개의 스타트업을 더 창업한 뒤 2004년에 아마존의 기술 담당 제품 관리자로 입사했다. 그는 이곳에서 근무하면서 기업문화의 중요성을 절실하게 깨달았다. 물론 아마존이라는 회사를 모든 사람이 선호했던 것은 아니다(특히 지난 몇 년간은 직원들을 지나치게 몰아붙이는 조직문화로 인해 논란의 대상이 되기도 했다). 하지만 이 회사가 꾸준히 고수해온 "발명하고 단순화하라", "행동이 우선이다", "타협하지 말고 헌신하라" 같은 리더십 원칙들은 어느덧 직원들의 일상적인 대화의 일부로 자리 잡았다. "우리는 업무로 분주한 가운데서도 그 원칙들을 이해하고, 말하고, 활용했습니다." 로슨의 말이다. "그것들은 그저 벽에 붙어 있는 구호가 아니었어요. 또 우리가 무엇을 해야 하거나 하지 말아야 한다고 정해놓은 규칙도 아니었습니다. 바로 이런 질문들에 대한 답이었던 겁니다. 어떻게 하면 우리의 지적 능력을 향상시킬 수 있을까? 동료가 말하는 바를 더 잘 파악해 함께 업무를 완수하려면 어떻게 해야 할까? 좋은 의사결정을 내리는 방법은 무엇일까? 따라서 내가 아마존을 떠날 때쯤에는 기업문화를 컴퓨터의 운영체제 같은 요소로 이해하게 됐습니다."

그로부터 2년 뒤인 2008년 1월, 아직 20대 후반이던 로슨은 친구들과 커피숍에서 대화를 나누다가 한 가지 아이디어를 떠올렸고, 에번 쿡Evan Cooke, 존 월터스John Wolthuis와 함께 트윌리오를 창업했다. 하지만 당시 금융위기로 인해 투자금을 조달하기가 거의 불가능했기 때문에 그들은 갖은 고생을 해야 했다. 세 사람은 친구들과 친척들에게 돈을 빌려 MVP(minimum viable product, 완제품 출시 이전에 고객들의 반응을 살펴보기 위해 최소 기능만 갖춘 채 내놓는 제품-옮긴이)를 제작했다. 로슨과 그의 아내 에리카Erica는 친지들로부터 받은 결혼선물까지 베드배스 앤드 비욘드Bed Bath&Beyond에 되팔아 2만 달러의 추가 자금을 조달했다.

조직의 가치를 구축하는 것은 어떤 회사든 반드시 거쳐야 할 통과의례라고 할 수 있다. 하지만 가치를 창조하는 방법이나 시점에 대해서는 의견이 엇갈린다. 어떤 설립자는 회사를 세울 때부터 일찌감치 가치를 정립해야 조직의 기반을 든든하게 구축할 수 있다고 말한다. 반면 창업 후 일정 시간이 지나 조직의 문화가 진화하고 자리 잡았을 때 가치를 정립하는 편이 좋다고 이야기하는 사람도 있다. 또 일부는 조직의 가치가 고결하고 원대해야 한다고 주장하는 한편, 다른 사람들은 회사가 조직 구성원들에게 바라는 구체적인 행위를 반영해야 한다고 생각한다. 회사의 가치 목록이 서너 가지를 넘지 말아야 한다고 주장하는 사람이 있는가 하면, 가치가 몇 개인지는 중요하지 않다고 말하는 사람도 있다.

로슨과 공동 설립자들은 트윌리오가 설립된 지 몇 년이 지나 직원 수가 60명에 도달할 때까지 조직의 가치를 정립하는 일을 미루기로 했다. 그의 말을 들어보자.

기업문화를 정의하는 일은 자연스럽게 진행되는 현상인 동시에 매우 의도적인 행위다. 자연스러운 현상이라는 말은 누구도 기업문화를 억지로 만들어낼 수 없다는 뜻이다. 우리 회사는 어떤 조직이고, 어떤 목표를 지향하며, 무엇을 가치 있게 여기는가에 대해 조직 구성원들이 어느 정도 고민할 수도 있지만, 그런 생각에 이르기까지는 적지 않은 시간이 걸릴 것이다.

나는 기업문화를 구축하는 일을 인간의 성장 과정에 비유한다. 아주 어릴 때는 자기가 누군지 잘 모른다. 10대쯤 되면 여러 단계를 거치며 자신의 정체성을 파악하기 위해 노력하고, 옳은 일과 그른 일을 판단하려 든다. 그리고 그런 '발견'의 과정이 모두 완료된 후에야 비로소 한 명의 성인으로서 자기가 어떤 사람인지 확신하기 시작한다. 회사도 마찬가지다. 창업 초기에 우리는 가치에 대한 인식을 어렴풋이 품기는 하지만 아직 우리가 누군지를 잘 모르기 때문에 그 가치에 집착하지 않으며, 대신 우리 자신을 먼저 알아야 한다는 유연한 입장을 취한다. 직원 수가 30명에서 100명 정도가 되면 조직의 체계가 잡히면서 직원들에게 기업문화를 전파할 메커니즘을 구축해야 할 시기에 이른다. 그전에는 문화가 무엇인지조차 모르거나 이를 잘못 이해하는 경우가 많다. 만일 당신이 창업 초기에 구상한 가치를 너무 완고하게 고집하면 조직 구성원들에게 공감을 얻지 못할 것이다. 반대로 조직의 가치를 너무 늦게 수립하면 당신이 운영하는 회사가 매우 위험한 곳이 되어버릴 공산이 크다.

로슨은 조직의 가치를 글로 옮기는 행위를 뜻하는 '표현articulation' 이라는 단어를 매우 조심해서 사용한다. "가치를 마음대로 지어내서는 안 됩니다. 조직에 이미 존재하는 가치를 우리가 평상시에 사용하는 언어로 옮길 수는 있겠죠. 이 경우에 언어는 일종의 '손잡이' 역할을 합니다. 손잡이가 없다면 우리는 이런 식으로 말할 수밖에 없어요. '매일 회사에 출근하면 어떤 느낌을 받지만 그게 뭔지는 잘 모르겠어.' 만일 당신이 이 중요한 느낌에 언어라는 손잡이를 부여하면, 회의를 하거나 의사결정을 내릴 때 이를 불러내 활용할 수 있을 겁니다. 반면 손잡이가 없을 경우 뚜렷한 모양도 없이 막연한 분위기에 불과한 그 느낌은 흐지부지되거나 사라질 가능성이 큽니다. 따라서 내가 가치를 '표현'한다는 것은 당신이 직장에 출근했을 때 어떤 느낌을 받는지를 가장 적합한 언어로 옮기는 것을 의미합니다."

로슨은 아이디어가 가장 풍부하다고 생각되는 10여 명의 직원을 선정해서 그들과 함께 트윌리오의 가치를 명문화하는 작업에 착수했다. 그는 이 직원들을 저녁식사에 초대해서 다음과 같이 말하며 숙제를 냈다. "이제 회사의 가치를 수립해야 할 때가 된 것 같습니다. 우리가 할 일은 트윌리오를 트윌리오답게 만들어주는 것이 무엇인지를 찾아내 언어로 표현하는 겁니다." 그들이 머리를 맞대고 아이디어를 짜낸 결과 100여 개의 가치 목록이 모습을 드러냈다. 로슨은 비슷한 내용을 한데 묶고 표현을 다듬고 목록을 정리하는 작업을 직접 맡았다. 그 뒤 그들을 두 차례 더 소집해서 새롭게 정리된 목록을 함께 검토하고 가치의 수를 10여 개로 줄였다. 그리고 마지막으로 회사의 분위기를 가장 정확히 반영한다고 생각되는 가치에 찬성표를, 없어도 그만인 가치에 반대표를 던지는 투표를 실시했다. 로슨은 조직의 가치를 가장 적극적으로 옹호할 핵심 직원들이 이 프로세스에 동참하기를 원했다. 뿐만 아니라 최종적으로 선정된 가치 목록을 전 직원 회의에서 발표하는 일도 그들에게 맡겼다.

"십계명이 새겨진 석판을 들고 산에서 내려온 사람은 제프 로슨 혼자만이 아니었습니다." 로슨은 이렇게 말한다. 그렇다고 모든 직원이 똑같이 한 표를 행사하는 순수한 민주적 절차에 따라 회사의 가치를 결정해서도 안 된다는 것이 그의 생각이었다. "나는 CEO이자 공동 설립자입니다. 이 작업을 올바른 방향으로 이끄는 것이 내 역할이죠. 그래서 내가 이 가치들의 목록을 직접 정리하고, 편집 절차를 주도하고, 우리가 앞으로 사용하게 될 용어를 최종적으로 수정한 겁니다. 나는 직원들을 불러 모아 그들의 의견을 세심하게 경청했어요. 하지만 궁극적으로 그 모든 것은 결국 CEO의 일입니다. 인사부에 맡기거나 전 직원에게 의견을 물어 결정할 수 있는 일이 아니에요. 그 프로세스를 주도하는 것은 나의 임무입니다."

직원들이 처음 작성한 목록에는 다른 기업에서도 흔히 찾아볼 수 있는 "겸손하자", "권한을 위임하자" 같은 말도 있었지만, 매우 독특한 두 개의 글귀가 눈에 띄었다. 그중 하나가 인터넷에서 유행하는 농담에서 착안한 "부엉이를 그리자Draw the owl"라는 구호였다. '부엉이를 그리는 방법'이라는 이 유머는 두 컷짜리 만화로 구성되는데, 첫 번째 컷에는 세 개의 동그라미가 서로 겹쳐져 있고 그 아래 이런 글이 달려 있다. "1단계. 동그라미를 몇 개 그린다." 두 번째 컷에는 완성된 부엉이 그림과 함께 이런 글이 적혀 있다. "2단계. (빌어먹을) 부엉이의 나머지 부분을 그린다." 이 농담에 담긴 메시지는 간단하다. 무슨 일이든 100쪽이나 되는 설명서를 찾아 나서지 말고 직접 뛰어들어 해결하라는 것이다. 이 그림이 온라인에 처음 등장했을 때 트윌리오의 직원들 사이에서도 꽤 유행한 적이 있었다. 그들은 이 메시지에 담긴 마음 자세가 스타트업 직원들의 역할을 잘 보여준다고 생각해서 이를 조직 가치의 하나로 선택했다.

"우리는 직원들의 입에서 자연스럽게 흘러나오는 말을 회사의 가치로 설정하기를 원했다. 그래야 다가가기 쉽고, 기억하기 편하고, 누구나 이해할 수 있기 때문이다."

– 제프 로슨, 트윌리오 공동 설립자 겸 CEO

또 다른 독특한 문장은 "헛소리를 삼가자No shenanigans"였다. 로슨은 그 구절에 담긴 선명한 의미와 꾸밈없는 표현 방식이 마음에 들었다고 한다. "사람들은 무엇이 헛소리고 무엇이 아닌지 잘 구별합니다. 헛소리가 난무하는 대화에 끼어들었거나 다른 사람이 헛소리를 하고 있다면, 그 사실을 금방 깨닫게 되죠. 그래서 누군가 헛소리라고 지적하면 다른 사람들도 바로 수긍합니다. 우리는 직원들의 입에서 자연스럽게 흘러나오는 말을 회사의 가치로 삼기를 원했어요. 그래야 다가가기 쉽고, 기억하기 편하고, 누구나 이해할 수 있기 때문이죠. 우리는 스스로 이렇게 질문했어요. 우리가 선정한 가치에 해시태그를 붙일 수 있을까? 해시태그의 강력한 효과를 생각해보세요. 해시태그가 달린 말은 기억하기 쉽고, 유용하고, 대화할 때 써먹을 수 있고, 모든 사람에게 의미가 분명하게 전달되죠."

로슨이 지적한 대목은 여기서 다시 한번 강조할 만하다. 세계에서 가장 성공적인 두 기업 아마존과 마이크로소프트는 모두 해시태그가 붙을 만큼 간결한 문구를 사용해 기업의 가치를 표현한 것으로 정평이 나 있다. 아마존의 창업자 제프 베이조스Jeff Bezos는 스타트업을 설립한 '첫날'의 마음가짐으로 매일의 업무를 수행하자고 강조했다. 대기업이 "우리는 이미 그런 식으로 일해봤어"라는 오만함의 함정에 빠지는 순간 혁신은 지체될 수밖에 없다. 마이크로소프트의 사티아 나델라는 "우리는 모든 것을 안다know–it–alls"라는 조직문화를 "우리는 모든 것을 배운다learn–it–alls"로 바꿔야 한다고 주장함으로써 《그릿》의 저자 앤절라 더크워스Angela Duckworth에게서 배운 '정체 대 성장'의 개념을 구체화했다.

노바티스는 《언보스Unboss》를 쓴 덴마크의 사업가 라르스 콜린드

Lars Kolind의 철학을 전폭적으로 수용해서 이를 조직의 가치로 삼았다. '언보스'의 개념에 따르면 문제 해결책을 찾아내는 데 최적의 인물은 바로 해당 업무를 담당하는 직원들이다. 리더의 의무는 그들에게 무엇을 하라고 지시하기보다 그들을 적절히 지원하는 것이다. "만일 우리가 '언보스' 대신 '권한 위임'이라는 말을 골랐다면, 아무도 그 단어에 문제를 제기하지 않았을 겁니다." 노바티스의 최고인사·조직 책임자 스티븐 바르트Steven Baert는 이렇게 말했다. "모든 직원이 이렇게 말했겠죠. '무슨 말인지 잘 알겠어요.' 하지만 지금은 이런 의문을 가질 겁니다. '도대체 언보스가 뭘까?' 그걸 궁금해한다는 사실만으로도 이미 절반은 성공한 겁니다. 직원들이 그 개념에 대해 토론하길 원하면 사고의 토대를 바꾸는 데 도움이 될 테니까요."

트윌리오의 팀은 원래 선정했던 아홉 가지 가치에 더해 여덟 가지 리더십 원칙을 추가로 작성했다. 로슨은 목록이 너무 길어지는 데 대해 부담을 느꼈지만, 그럼에도 불구하고 자신의 조직이 포괄적이면서도 유용한 도구를 창조했다고 확신한다. "항상 문제가 되는 것은 가치의 목록을 얼마나 줄여야 하는가입니다. 표현이 간결할수록 효과는 더 강렬한 법이니까요. 아니면 목록을 더 길게 만들어서 특정한 순간에 타당한 원칙을 그때그때 골라 적용할 수 있도록 해야 할까요?" 2018년 트윌리오는 샌드그리드SendGrid라는 회사를 인수하면서 직원이 약 30퍼센트 더 늘었다. 당시 샌드그리드는 갈망, 행복, 정직, 겸손이라는 네 가지 가치를 내세우고 있었다. "회사의 가치를 새롭게 정립하자고 선언하기에 완벽한 시점이었죠."

트윌리오는 조직의 가치를 전사적으로 쇄신하는 작업에 돌입했다. 로슨과 여러 임원들이 전 세계에 흩어진 20여 개의 사무소를 방문해서 현지 직원들과 워크숍을 진행한 것도 그런 노력의 일환이었다. 그들은 총 17개에 달하는 트윌리오의 가치와 리더십 원칙을 하나씩 접착식 메모지에 적어 커다란 화이트보드에 붙여둔 다음 참석자들에게 여섯 개의 스티커(빨간색 세 개, 파란색 세 개)를 나눠주었다. 그리고 공감하는 항목에 빨간색 스티커(빨간색은 트윌리오가 제품 이미지 마케팅에 사용하는 색깔이다)를, 공감이 덜 가는 항목에 파란색 스티커를 붙여달라고 요청했다. 그 결과 분명한 패턴이 모습을 드러냈다. 어떤 가치는 많은 찬성표를, 어떤 가치는 많은 반대표를 얻었다. 스티커가 전혀 붙지 않은 가치도 있었다. 로슨은 이렇게 말했다.

가장 흥미로웠던 부분은 빨간색 스티커와 파란색 스티커의 숫자가 절반으로 나뉜 항목들이었다. 어떤 사람들은 그 가치를 무척 마음에 들어 했고, 어떤 사람들은 좋아하지 않았다는 뜻이다. 우리는 그 항목들을 포함시킬지 여부를 두고 오랜 시간을 토론했다. 직원들이 언제 회사에 입사했고 조직의 가치를 어떤 방식으로 전달받았느냐에 따라 특정 가치에 대한 인식이 달랐다. 어떤 직원들은 내가 모든 신입 직원에게 한 시간 동안 조직의 가치를 직접 설명해주던 시절에 입사했다. 그 뒤에는 그 일을 다른 임원이 맡기도 했다. 그러다 보니 직원들이 회사의 가치에 대해 저마다 다른 생각을 가지게 된 것이다. 우리는 이런 상황을 감안해서 최종 질문에 답하는 작업에 돌입했다. 어떻게 하면 우리의 조직문화를 대표하는 핵심 가치를 추출해서 평소 우리가 사용하는 말에 최대한 가까운 언어로 표현할 수 있을까?

이 회사는 총 열 개의 가치가 담긴 최종 목록을 작성한 다음 다시 세 개의 범주로 나누었다.

>> 어떻게 행동할 것인가

- 주인이 되자. 주인은 자신의 사업을 잘 알고 좋은 소식과 나쁜 소식을 모두 열린 마음으로 받아들인다. 주인은 사소한 일도 세심하게 살펴보고, 바닥에 떨어진 '쓰레기'를 줍는다. 또 앞날을 멀리 내다보고 현명하게 돈을 쓴다.
- 권한을 위임하자. 우리는 사람(회사 안팎의 모든 사람)의 잠재력을 최대한 이끌어내는 것이 성공의 지름길이라고 믿는다. 세상에 우리가 전부가 아니라는 사실을 겸손한 마음으로 인정해야 한다. 서로에게 투자하자.
- 헛소리를 삼가자. 항상 정직하고, 직선적이고, 투명하게 행동하자.

>> 어떻게 의사결정을 내릴 것인가

- 고객 입장에서 생각하자. 고객을 깊이 이해하고 고객의 관점에서 문제를 해결하는 데 더 많은 시간을 투자하자. 고객과의 모든 상호작용에서 신뢰를 얻어내자.
- 기록하자. 우리의 비즈니스는 복잡하다. 그러므로 나 자신과 동료

들을 위해 시간을 내어 자신의 생각과 경험을 글로 남기자.

• 우선순위를 정하자. 우선순위를 매기는 일은 복잡한 문제를 차근차근 풀어나가고 불확실함을 명료화하는 데 도움이 된다. 의사결정은 진전을 의미한다. 그러므로 가용한 정보를 최대한 활용해 의사결정을 내리고, 끊임없이 학습하자.

〉〉 어떻게 승리할 것인가

• 대담하자. 우리는 세상을 깜짝 놀라게 할, 의미 있는 기업을 만들고자 하는 갈망에 사로잡혀 있다. 터무니없어 보이는 아이디어라도 적극적으로 수용하자. 모든 위대한 발명은 시작이 보잘것없었다는 사실을 잊지 말자.

• 포용하자. 우리의 목표를 달성하기 위해서는 다양한 견해가 필요하다. 다양한 배경을 지닌 사람들로 조직을 구성하고, 우리만의 독특한 관점을 찾아내자.

• 부엉이를 그리자. 설명서는 필요 없다. 그것을 만드는 것이 바로 우리의 일이다. 스스로 알아내고, 전달하고, 반복하자. 미래를 발명하자. 하지만 즉흥적으로 행동해서는 안 된다.

• 안주하지 말자. 나 자신과 다른 사람에게서 최대치의 능력을 기대하자. 스스로의 일에 자긍심을 갖는 것보다 더 훌륭한 감정은 없다. 모든 자리에 최고의 인재를 기용하자.

가치의 목록을 개발하는 데도 훌륭한 솜씨가 필요하지만(조직 전반에 걸쳐 직원들의 의견을 반영하고, 회사가 직원들에게 기대하는 행동을 목록에 담아내는 게 가장 이상적이다), 말보다 더 중요한 것은 최고경영진이 이를 실천하고, 강조하고, 그 중요성을 끊임없이 상기시키는 일이다. 우리는 기업들이 내놓는 사명 선언문이나 가치 선언문보다 이런 실질적인 행위가 더 큰 의미를 갖는다고 믿는다. 물론 선언문을 작성하는 일 자체는 칭찬받을 만한 행동이다. 이를 통해 회사가 지향하는 목표를 제시하고 그 중요성(위워크WeWork가 내세운 "우리의 사명은 세계인의 의식을 고양시키는 것이다"처럼 너무 거창한 목표가 아니라면)을 널리 알릴 수 있기 때문이다. 하지만 회사가 직원들에게 기대하는 구체적인 행위를 담은 가치의 목록은, 평소 리더들이 대답하기 어려워하는 질문들에 대한 간결한 답이 되어준다는 점에서 조직에 미치는 무게감이 훨씬 크다. "우리가 하나의 회사로서 성취하고자 하는 목표는 무엇인가? 우리는 그 목표를 달성하기 위해 무엇에 집중해야 하는가? 우리는 어떻게 협력할 수 있는가?" 우리가 1장에서 살펴본 '단순한 계획'은 이 첫 번째와 두 번째 질문에 대한 답을 정교하게 다듬는 데 도움을 준다. 그리고 조직의 가치를 정립하는 일은 세 번째 질문에 답하는 데 도움이 될 것이다.

회사가 직원들에게 기대하는 행위를 담은 조직의 가치가 개발 완료됐다면, 이제 그 가치가 모든 구성원의 일상에 자연스럽게 스며들게 해야 한다. 트윌리오에서 그 출발점은 직원 채용 프로세스였다. "부엉이를 그리자"를 핵심 가치 중 하나로 채택한 로슨은 과거 무언가를 새롭게 창조해본 사람들을 영입하기 위해 끝없이 노력한다. "우리에게는 '창조자'의 마음가짐을 지닌 사람이 필요합니다. 그래서 채용 후보자들에게 이렇게 질문해요. '당신은 무언가를 발명해본 경험이 있나요? 직업에 관계된 것이든 개인적인 것이든 상관없어요.' 그 질문에 제대로 답하지 못하는 사람은 스스로를 창조자로 생각하지 않는다는 뜻입니다. 자신을 창조자로 여기는 사람이라면 본인이 발명한 물건에 긍지를 느끼기 마련이니까요." 직원을 채용한 뒤에는 신입 직원들에게 회사의 가치에 담긴 이야기, 즉 그 가치들이 어떻게 선정됐고, 무엇을 의미하고, 실제 업무 현장에서 어떻게 적용되어야 하고, 그것이 왜 중요한지를 상세히 설명한다.

조직의 가치를 강화하기 위해서는 스토리텔링이 필요하다. 분기별로 또는 1년에 한 차례씩 '문화적 영웅'을 선정해서 이를 훌륭히 지켜낸 사람들을 축하하고 포상하는 것도 좋은 방법이다. 트윌리오의 경우는 조직의 가치를 솔선수범해 실천함으로써 동료들의 귀감이 된 직원에게 '최고 부엉이Superb Owl' 상을 수여한다(이 상의 이름은 이 회사의 직원들만 알아들을 수 있는 농담이다. 부엉이는 트윌리오의 마스코트이고, Superb Owl이라는 용어는 고객들이 열광하는 미식축구 리그 결승전 슈퍼볼Super Bowl에서 철자 'b'의 위치만 옮겨 만들었다. 한 직원의 아이디어로 만들어졌다). 이 회사는 직원들이 조직의 가치를 잘 실천했는지의 여부를 인사고과에 반영하고, 승진을 결정하는 데도 중요한 요인으로 고려한다. 또 1년에 두 차례 설문조사를 실시해 회사가 선언한 가치와 부합하는 방향으로 기업 행위가 이루어지고 있는지 직원들에게 묻는다. 하지만 가장 중요한 테스트는 바로 이런 질문이다. 모든 직원은 일상적인 대화에 조직의 가치를 활용하고, 이를 바탕으로 의사결정을 하는가? 로슨은 직원들이 '부엉이를 그리는 데' 문제가 발생했다는 식으로 대화를 나누는 모습을 종종 목격한다. 또는 자기가 특정한 길을 선택한 이유가 '헛소리'의 여지가 있는 옵션을 피하기 위해서라고 표현하는 직원들도 있다. "그런 말을 들으면 회사의 가치가 실제로 작동하고 있다는 사실을 알게 됩니다."

물론 트윌리오의 기업문화가 완전히 뿌리내린 것은 아니다. 박스, 메달리아, HP, 홈디포 등을 거쳐 2020년 초에 이 회사에 합류한 최고인사책임자 크리스티 레이크Christy Lake는 회사가 수립한 각 가치별로 리더십 교육 과정을 개발하고 싶다는 포부를 밝힌다. "중요한 점은 그 가치가 살아 있느냐는 거죠. 그것들은 숨을 쉬고 있나? 조직의 기풍과 DNA에 녹아들었나? 직원들의 행위, 회사의 공식적인 조치, 소통 방식, 포상 기준 등에 반영되나? 바로 그런 점들이 훌륭한 기업문화와 형편없는 기업문화를 나누는 경계선이 됩니다. 후자에 속하는 기업의 직원들은 조직의 문화와 구성원들의 행위 사이에 괴리감을 느낍니다. 그들은 문제를 금방 알아차리지만 이를 바로잡을 만한 시스템이 없어요. 그런 회사는 이미 몰락의 길로 접어든 겁니다."

"기업문화가 형편없는 회사의 직원들은 조직의 문화와 구성원들의 행위 사이에 깊은 괴리감을 느낀다. 그들은 문제를 금방 알아차리지만 이를 바로잡을 시스템이 없다." - 크리스티 레이크, 트윌리오 최고인사책임자 트윌리오는 회사가 '다양성 목표'를 아직 달성하지 못했다고 스스로 인정한다. 그들은 자사 웹사이트에 조직 구성원들의 다양성 확보를 위한 목표를 수치로 제시하고 있다. 가령 2023년까지 전체 직원의 절반을 여성으로 채용하고(2020년 초에는 여성 직원 33퍼센트), 미국에서 근무하는 직원의 30퍼센트 이상을 흑인을 포함한 비주류 계층에서 뽑겠다는 것이다(2020년 초 비주류 계층 직원 21퍼센트). 또한 직원 설문조사 데이터를 바탕으로 '소속감 및 다양성 지표'를 구축하고, 설문조사 결과를 성별 및 비주류 계층별로 나누어 분석했다. 전세계 모든 사업장에서 이 지표를 100퍼센트 달성하는 것이 목표다. 사실 아프리카계, 아시아계, 인도계 임원들이 고루 섞인 트윌리오의 경영진이야말로 이미 어느 기업에 비해서도 훨씬 다양성을 갖춘 조직이라 할 수 있다. 이 책을 집필하는 시점에서 이 회사의 임원 구성은 여성(6명)이 남성(4명)을 앞질렀다. 적어도 어디서나 흔히 볼 수 있는 모습은 아닐 것이다.

다양성과 포용성이 강력한 기업문화를 창조하는 데 필수적인 요인이라는 사실은 두말할 나위가 없다. 그러나 혹시 잊어버린 독자들이 있다면, 그런 분들을 위해 다시 한번 강조하고 싶다. 기업이 신속하고 창의적으로 기회를 포착하고 문제를 해결하기 위해서는 테이블에 둘러앉은 사람들의 배경에 다양한 관점, 배경, 사고방식 등이 존재해야 한다. 세계의 인구통계학적 트렌드가 다양해질수록 기존 고객과 잠재 고객들의 욕구에 대한 이해가 리더들에게 더욱 요구된다. 게다가 수많은 기업이 우수 인재를 끌어 모으기 위해 치열하게 경쟁하고 있는 현실에서 모든 회사는 인재풀을 최대한 폭넓게 확보해야 한다. 하지만 기업들이 다양한 배경을 가진 인력을 채용하기 위해 그토록 많은 돈과 노력을 투자하는데도 불구하고, 그렇게 채용된 직원 중에는 조직에서 환영받는다고 느끼지 못하고 퇴사하는 사람이 많다. 다양성과 리더십을 중시하는 기업문화를 구축하고 그 약속을 지키는 기업은 최고의 인재를 영입하고 유지하는 일이 가능할 뿐만 아니라 말과 행동이 일치하지 않는 리더들로 인해 조직에 냉소주의가 퍼져나가는 상황을 방지할 수 있다. 우리 사회는 기업에게 점점 많은 것을 요구하는 추세다. 훌륭한 평판을 얻은 회사에게는 보상이 돌아가고, 그렇지 못한 조직은 대가를 치르게 될 것이다.

이 의견에 이의를 제기하는 리더들은 거의 없겠지만, 자신들이 직접 수립한 다양성 목표를 달성하지 못한 기업은 여전히 수도 없이 많다. 그들은 수년 동안 반복해온 주문을 되풀이할 뿐이다. "우리는 이 점에서 아직도 목표 지점에 도달하지 못했습니다. 하지만 그 목표를 이루기 위해 최선을 다했으며 어느 정도 성과도 거두고 있습니다." 그 기업들이 매년 발표하는 '다양성 보고서'를 들여다보면 회사 전반에 걸쳐 이 지표가 약간 상승한 것처럼 보이기도 한다. 하지만 조직의 상층부는 여전히 백인 남성들이 차지하고 있다. 기업의 매출과 수익에 직결되는 핵심 부서를 제외한 인사, 마케팅, 홍보 등의 지원 부서에 여성이나 비주류 계층 임원이 몇 명 눈에 띌 뿐이다.

그러나 이제 변화의 분위기가 무르익고 있다. 2020년 5월, 미니애폴리스에서 조지 플로이드가 경찰관에 의해 목숨을 잃는 사건이 벌어진 후 인종차별과 사회적 불공정에 대한 인식이 급속도로 확산되었다. 많은 회사가 채용의 다양성과 문화적 포용성을 달성하겠다고 서약했으며, 경영자들도 사회적 불공정에 맞서 싸우는 비영리단체에 기부하겠다며 앞다퉈 거액의 수표를 끊었다. 하지만 최고경영진 중 흑인의 비율을 몇 퍼센트 이상으로 끌어올리겠다고 구체적으로 약속한 기업은 드물다. 그런 실질적인 변화가 이루어지지 않는 한, 기업들이 발표한 서약서나 기부처에 전달한 수표는 블랙 엔터테인먼트 텔레비전의 공동 설립자 로버트 존슨의 표현대로 '가짜 온정주의'에 지나지 않는다.

인종차별주의, 다양성, 포용성의 문제는 매우 복잡하고 미묘한 사안인 만큼 우리가 여기서 어떤 해결책을 제시하려는 것은 아니다. 다만 우리는 기업의 C-레벨과 그보다 한두 단계 아래의 직급에서 일하는 흑인의 비율을 높이기 위해 우리가 할 수 있고 해야 하는 일이 무엇인지 조명하기를 원한다. CEO나 이사회 멤버들은 다양성 및 포용성에 관한 구체적인 목표를 설정해서 여기에 중요한 의미(즉 재무적 수익, 신제품 개발, 핵심 지표의 경쟁력 강화 등의 목표와 다름없는 의미)를 부여해야 할 것이다. 리더들의 보너스 일부는 그들이 다양성 및 포용성 목표를 달성했는지 여부에 따라 지급되어야 하고, 이를 평가하는 기준은 특정 행위의 수행이 아니라 구체적인 결과의 달성이 되어야 한다. 또 지원 부서뿐만 아니라 매출과 수익을 담당하는 핵심 부서에 성별·인종적 다양성을 갖춘 C-레벨 조직을 구축해야 할 것이다.

존슨은 자신이 운영하는 RLJ컴퍼니스RLJ Companies에서 일하는 흑인 리더의 비중을 높이기 위해 미국 프로 미식축구 리그(NFL)에서 시행 중인 '루니 룰Rooney Rule'을 도입했다. 루니 룰은 NFL에 소속된 팀이 단장이나 감독을 선임할 때 소수집단 출신의 후보자를 반드시 인터뷰 대상에 포함시켜야 한다는 규칙이다. 존슨은 자신이 소유한 기업에서 이사급 이상의 직원을 채용할 때 두 명 이상의 흑인 후보자를 인터뷰해야 한다는 규칙을 만들었다.

그 사람들을 꼭 채용할 필요는 없습니다. 단지 인터뷰를 하라는 겁니다. 비록 그가 적임자가 아니라고 해도 회사의 인사 시스템에 그 사람의 이름을 저장해두면 다른 자리가 났을 때 고려해볼 수 있으니까요. 또 소수집단 후보자를 채용할 경우 그 사람의 개인적 네트워크를 통해 다른 사람들에게도 기회의 창을 열어두는 효과를 거둘 수 있습니다. 더 많은 소수집단 후보자의 채용을 고려할수록 실제로 채용되는 직원들의 다양성은 더욱 증가하기 마련입니다. 우리는 임원들을 포함한 모든 직급에 이런 원칙을 적용하고 있습니다. 직원들에게 주어지는 보상의 일부는 다양성 목표의 달성 여부에 따라 결정됩니다.

✕ ● ✕

트윌리오의 이야기는 기업의 다양성 목표를 선언하고 이를 측정하는 일을 포함해 효율적인 조직문화를 창조하고 배양하는 문제에 핵심적인 통찰을 제공하는 사례라고 할 수 있다. 하지만 이 회사의 설립자 겸 CEO인 제프 로슨처럼 모든 리더가 조직의 문화를 바닥부터 한 층 한 층 쌓아올릴 수 있는 것은 아니다.

예를 들어 연혁이 오래된 회사에 CEO로 새로 부임한 사람이 그곳의 기업문화에 문제가 있다는 사실을 깨달았을 때, 그가 할 수 있는 일은 무엇일까? 특히 조직이 선언한 가치에 정면으로 위배되는 행위가 난무하고, 그런 일이 용인될 뿐만 아니라 보상까지 제공된다면 어떻게 해야 할까? 회사가 새로운 리더를 선임했을 때, 직원들은 어느 정도의 변화를 기대하기 마련이다. 새로 부임한 리더는 로슨이 트윌리오에서 활용한 도구들을 참고해서 그런 절호의 기회를 효과적이고 신속하게 활용해야 한다. 새로운 리더는 경영진 앞에서 모든 사람이 예외 없이 조직의 가치를 철저히 실천해야 한다고 강력하게 선언할 필요가 있다(이를 심각하게 위반한 고위 임원 한두 명을 해고해 회사 전체에 즉각적이고 단호한 신호를 보낼 수도 있다). 그리고 촉망받는 임원들로 전담반을 꾸려서 조직의 가치를 재검토하고 쇄신하는 작업에 착수해야 한다. 또한 기업문화에 대해 구체적으로 의견을 묻는 사내 설문조사를 실시하고, 여기에서 도출된 피드백에 대해 신속한 조치를 취함으로써 회사가 직원들의 의견을 경청하고 있다는 사실을 보여주어야 한다.

CEO가 아닌 리더들은 조직에 문화적 기능 장애가 존재한다는 사실을 깨달았을 때 더 큰 도전에 직면한다. 그들은 CEO에게만 주어지는 도구를 활용할 수 없기 때문에 조직의 변화를 이끄는 데 한계가 있다. 그런 상황에서 많은 리더들은 기업문화에 대한 문제가 자신의 통제 범위를 넘어선 CEO의 몫이라고 주장하며 수동적인 태도로 일관하곤 한다. 심지어 자신이 근무하는 회사를 '그곳'이라고 부르고 누군지도 확실치 않은 사람들을 '그들'이라고 칭하며 잘못된 기업문화에 대해 불만을 늘어놓는다. 우리가 컨설팅 업무를 수행하는 과정에서 만난 많은 고위 임원은 자기 회사의 조직문화를 비판하면서 그런 분석 능력을 자랑스러워했다. 하지만 그들은 자기가 속한 조직의 문화를 비판하기에 앞서 이를 개선하고 새로 구축하는 일을 도울 책임이 자신에게 있다는 사실을 깨닫지 못했다. 인정하건 안 하건 그 리더들은 자신이 '그들'이라고 부르며 불만을 터뜨린 대상 중의 일부일 뿐이다. 모든 직급의 리더에게는 저마다의 역할이 있다. 그들은 자기가 관리하는 팀과 주어진 권한 내에서 동료들에게 기대하는 행동을 솔선수범해서 실천하고, 이를 바탕으로 동료들로부터도 똑같은 행동을 이끌어내기 위해 노력해야 한다. 리더를 포함한 모든 직원은 기업문화를 구축하는 과정에서 자기 몫의 책임을 받아들일지 여부를 스스로 결정해야 한다. 당신은 운전자인가 승객인가?

"만일 당신이 직원이라면, 자기 회사에 대해 후기를 남기는 것은 언어도단이다. 이는 미국인이 미국이라는 나라에 대해 후기를 쓰는 것과 다를 바가 없다."

— 마커스 류, 가이드와이어 설립자 겸 회장

가이드와이어의 CEO 마커스 류가 들려주는 현명한 은유는 우리에게 운전자와 승객의 차이를 명확하게 포착할 수 있도록 해준다. 그는 기업의 전·현직 직원이 해당 회사에 대해 익명으로 후기를 쓸 수 있게 해주는 글래스도어Glassdoor라는 웹사이트에서 가이드와이어에 관련된 피드백을 발견하고 전 직원에게 메모를 발송했다. 전체적으로 가이드와이어에 대한 평가는 나쁘지 않았다. 하지만 류는 일부 게시물을 읽고 분노했다. 그가 유독 다혈질이어서가 아니라 자기 회사의 기업문화를 세상 모든 사람들에게 공개적으로 비난하는 직원들의 사고방식이 근본적으로 오류라는 철학적 결론에 도달했기 때문이다. 류는 이렇게 말한다.

우리는 소비자의 입장에서 후기를 쓴다. 호텔에 묵었을 때 좋은 경험이나 나쁜 경험을 했다면, 트립어드바이저 사이트에 리뷰를 작성한다. 구매한 제품이 마음에 안 들면 아마존에 후기를 남길 수 있다. 하지만 당신이 어느 회사의 직원인 이상, 그 회사에 대해 후기를 쓰는 것은 언어도단이다. 이는 미국인이 미국이라는 나라에 대해 후기를 남기는 것과 다를 바가 없다. 이 나라의 특정 측면에 비판적인 생각을 가질 수는 있지만, 후기를 쓴다고 시민으로서 당신의 의무가 면제되지는 않는다. 이는 완전히 잘못된 패러다임이다. 당신은 시민이라는 신분을 소비하지 않는다. 당신이 바로 시민이다. 그리고 시민이라면 모름지기 다음과 같이 말할 수 있어야 한다. "나는 이 집단의 일원이기를 원한다. 왜냐하면 이 집단의 원칙을 존중하고 이 집단의 성공을 바라기 때문이다. 따라서 나에게는 시민으로서 지켜야 할 의무가 있다.” 시민권에는 일정한 의무가 따른다. 그리고 그 의무 중의 하나는 조직이 번성할 수 있도록 계속 기여하는 것이다.

류의 논리에 동조하는 모든 리더는 다음 테스트를 통과해야 한다. 당신은 미국의 시민권처럼 직원들이 간절히 소유하기를 바라는 기업문화를 창조하고 구축하는 과정에 기여할 수 있는가? 그 질문에 답하려면 다음과 같은 기본 원칙들에 대한 약속이 선행되어야 한다.

- 기업문화를 정의하고, 실천하고, 강화하고, 평가하는 것은 CEO를 비롯한 최고경영진의 책무다. 그들은 직원들에게 문화에 관한 이야기를 끊임없이 들려주고, 조직의 가치를 온몸으로 구현한 영웅들을 축하하고 포상해야 한다. 또 리더들은 기업문화를 솔선수범해서 실행에 옮겼는지에 대해서도 평가받아야 한다.
- 기업문화는 조직이 지향하는 가치와 직원들에게 기대하는 행동을 바탕으로 ‘표현’되어야 하며, 현재 회사가 처한 비즈니스 환경에 그 문화가 적합한지 여부를 주기적으로 검토해야 한다.
- 회사가 선언한 가치를 노골적이고 반복적으로 위반하는 ‘문화적 악당’들은 사업 실적과 무관하게 조직에서 제거되어야 한다. 이를 통해 회사가 조직 가치의 수호를 위해 진지하게 노력하고 있다는 신호를 보낼 수 있다.
- 주기적인 전 직원 설문조사를 익명으로 실시해서 직원들이 일상적인 업무에서 경험하는 현실과 조직이 추구하는 가치가 일치하

는지 여부를 판단해야 한다. 나아가 기업문화에 대한 직원들의 인식을 측정해야 한다. 자의적 판단이나 개인적 신념으로 기업문화를 표현하는 행위는 오해를 불러일으킬 수 있으므로 지양해야 한다. 이사회 멤버들은 '문화적 건전성'에 관한 측정 지표를 면밀히 관찰해서 직원들이 기업문화를 정확히 이해하고 있는지 확인해야 한다.

높은 성과를 내는 조직들은 예외 없이 위와 같은 방식으로 기업문화에 접근한다. 물론 기업마다 조직문화가 다르지만, 이 원칙들은 모든 조직이 성공의 시나리오를 작성하는 데 큰 도움이 될 것이다.

당신은 진정한 팀을
구축할 수 있는가?

훌륭한 팀은 전략을 주도하는 핵심 열쇠다

케빈(이 책의 저자 중 한 명)은 스물일곱 살에 미국 해군에서 실시하는 각종 시험을 통과한 뒤 당시 최신 공격형 잠수함 로스앤젤레스급 핵 잠수함 USS 멤피스의 신규 건조를 담당하는 기관 장교로 임명됐다(이와 비슷한 급의 잠수함 USS 댈러스는 1990년에 개봉된 영화 〈붉은 10월〉에도 등장한다). 케빈이 버지니아에 소재한 뉴포트 뉴스Newport News 조선소에 도착했을 때, 핵잠수함은 외부 선체만이 완성된 상태였다. 다음 2년간 10억 달러가 투입된 이 프로젝트는 곧 그의 삶 자체가 되었다. 케빈의 임무는 100여 명의 근무자를 관리하고, 조선소와 협력 관계를 맺고, 잠수함의 원자력 발전기를 테스트하고, 승조원을 훈련시키는 것이었다.

케빈에게 인력을 관리하는 업무는 이번이 처음은 아니었다. 그는 이전에도 다른 잠수함에서 운영 및 유지 보수 책임자로 일하며 25명의 엔지니어 그룹을 관리한 경험이 있었다. 그러나 모든 게 새로운 도전이었던 이 임무 앞에서 그는 몹시 위축될 수밖에 없었다. 그는 출근 첫날부터 세부적인 통제를 받아야 해서 숨이 막힐 지경이었다. 그의 일거수일투족은 철저한 통제를 받았다. 그런 압박감 때문에 그는 자신의 팀도 똑같은 방식으로 관리하는 길을 택했다(한번은 취침 중인 하사관을 느닷없이 깨워 수력 발전기 밀봉장치의 기술적 세부 사항을 물어본 적도 있었다). 케빈은 그렇게 부하들에게 일방적인 요구와 지시로 일관한 나머지 조직에서 점점 소외되기 시작했다. 함장은 개인 면담 자리에서 그에게 조직원들을 관리하는 방식을 바꿔보라고 조언했다. 케빈은 이 일을 계기로 부하들에 대한 접근방식을 바꾸기로 마음먹었다. 그는 모든 조직원에게 각자의 임무와 성과 측정 방식을 명확히 알리는 데 더 많은 시간을 할애하고, 그들에게 자율적으로 업무를 맡겼다. 2년 뒤, 그들은 정해진 예산 안에서 예정된 기한에 맞춰 잠수함을 완성했다. "나는 조직원들에게 필요한 자원을 제공하는 방식으로 인력을 관리하는 법을 터득했습니다. 우리는 성공의 의미에 대해 의견이 일치했고 서로를 신뢰했습니다. 덕분에 나는 모든 사람의 일을 대신 해주기보다, 가장 중요한 사안에 집중적으로 시간을 투자할 수 있었습니다."

14년 뒤, 그동안 AT&T, 맥킨지, GE 등에서 경력을 쌓은 케빈은 통신업체 MCI의 수석 부사장이 되었다. 그리고 다음 3년 동안 기능 장애가 존재하는 조직에서 일한다는 것이 무엇을 의미하는지 분명히 알게 됐다. AT&T라는 골리앗을 물리치고 통신업계의 다윗이 되겠다는 야심찬 목표를 선언한 MCI는 케빈이 보기에 서부 개척시대를 방불케 하는 무법천지와 다름이 없었다. 과거 그가 일했던 해군이나 GE처럼 일사불란하게 움직이는 조직과는 거리가 멀었다. MCI의 경영진은 조직적 불화나 내부 경쟁이 모든 사람에게서 최고의 능력을 이끌어내는 기폭제라고 믿었다. 회사 내에는 온갖 정치가 난무했으며 부서 간에는 공공연한 갈등이 빚어졌다. 그런데도 아무도 문제를 제기하지 않았다. 상사가 부하직원을 모욕하는 일은 다반사였다. 언젠가 한 고위 임원은 케빈의 직속 부하를 케빈이 보는 앞에서 마구 질책하기도 했다. "마치 완벽한 반反조직 같았습니다." 케빈은 이렇게 회고한다. "다들 잘못된 행동만 골라서 하는 것 같았어요. 물론 그런 환경 속에서도 성공하는 사람은 있겠죠. 하지만 나는 그때까지 그런 모습을 한 번도 본 적이 없었습니다. 밤에 잠도 오지 않고 일에도 집중할 수 없었어요. 심지어 탈모 증상까지 생기더군요. 그곳에서 보낸 3년은 인생에서 최악의 시간이라고 할 만하지만, 나쁜 조직이 어떤 것인지 여실히 목격했다는 점에서 내게는 가장 중요한 3년일 수도 있을 겁니다."

케빈은 MCI를 퇴사한 뒤 암젠의 사장으로 자리를 옮겼다. 그리고 CEO 고든 바인더Gordon Binder에 이어 회사의 2인자로 7년간 근무했다. 그는 차기 CEO로 임명될 것이라는 확약을 받지는 않았지만, 이사회 멤버로 임명되면서 경쟁자들보다 우월한 입지를 확보했으며 결국 바인더로부터 CEO 자리를 물려받았다. 입사 8년 만에 CEO가 된 케빈은 비로소 자신이 원하는 팀을 구성할 수 있었다. 그는 다음 18개월 동안 디즈니, 머크, 글락소스미스클라인, GE 등에서 속속 인재들을 영입해 경영진을 새롭게 꾸렸다. 리더십 팀의 멤버들이 새 진용을 갖춘 뒤에는 그들 모두를 암젠의 본사가 위치한 사우전드오크스(로스앤젤레스 근처의 작은 마을)의 한 레스토랑으로 초대해 함께 저녁식사를 했다. 참가자들은 화기애애한 분위기 속에서 암젠의 미래에 대해 이야기를 나누었다. 그러다가 케빈은 갑자기 말투를 바꿔 짧은 연설을 시작했다. 부하직원들이 처음 모인 자리에서 행한 그의 연설은 참석자들의 기억에 오래도록 남았다. 그가 이 자리에서 어떤 말을 해야겠다고 미리 준비한 것은 아니었다. 하지만 과거 오랜 시간에 걸쳐 사내 정치판의 폐해를 절실히 경험했던 그는 이 연설을 통해 암젠에서는 그런 행태를 용납하지 않겠다는 확고한 의지를 밝혔다. 그는 이렇게 말했다.

자, 스포츠 팬 여러분. 그럼 우리가 앞으로 어떻게 회사를 운영할지, 그리고 이 회사에서는 절대 용납할 수 없는 일이 무엇인지 잠시 얘기를 해봅시다. 정직성의 결핍처럼 눈에 확연히 드러나는 문제를 제외하고, 내가 절대 용납하지 않을 행위는 바로 사내 정치입니다. 회사에서 정치를 한다는 말은 진실을 숨기고 동료들에게 신의를 지키지 않는다는 뜻입니다. 즉 뒤에서는 불만을 늘어놓고 우리 앞에서는 입을 다문다는 말입니다. 또 사내 정치란 자기 팀이 다른 팀에게 해가 되는 방향으로 일하게 만든다는 뜻입니다. 여러분이 그 일을 직접 지시하지는 않더라도 적어도 묵인한다는 겁니다. 사내 정치란 조직의 가치를 실천하지 않는다는 말이며, 회사의 사명에 대해 공동의 헌신을 포기한다는 의미이기도 합니다. 한마디로 사내 정치란 나를 속이려고 애쓰는 일을 뜻합니다.

　예전에 나는 사내 정치의 달인들이 판치는 환경에서 일했습니다. 나 자신도 그렇게 서투른 정치가는 아닐 겁니다. 내가 어떻게 이 자리까지 올라왔다고 생각합니까? 내 눈에는 모든 게 훤히 들여다보입니다. 네 살짜리 아이가 아주 뻔한 거짓말로 아빠나 엄마를 속이려고 들 때가 있지요? 여러분이 사내 정치판을 벌인다면 내 눈에는 바로 그렇게 보일 겁니다. 만일 여러분 중 누구든 정치가가 되려고 시도할 경우, 나는 그 일을 바로 알아차릴 거고 그 사람을 해고할 겁니다.

한동안 정적이 흘렀다. 하지만 케빈의 연설은 소기의 성과를 낳았다. 그가 부하직원들에게 기대한 행동은 매우 명확했으며, 그 덕분에 경영진은 10년 동안 구성원의 변동이 거의 없이 유지될 수 있었다.

✖ ● ✖

우리가 메릭앤코에서 수십 명의 대기업 임원들에게 컨설팅을 제공할 때, 주로 던졌던 첫 번째 질문은 동료들에게서 무엇을 바라느냐는 것이었다. 그들의 대답은 한결같았다. "서로의 뒤를 든든히 받쳐주었으면 좋겠습니다." 한마디로 신뢰를 원한다는 말이었다. "동료들끼리 서로 의지하고, 위험에서 지켜주고, 지원할 수 있었으면 합니다." 우리는 임원들에게 어린 시절 팀을 이루어 무언가를 했던 경험을 들려달라고 부탁했다. 그들은 축구팀에서 운동을 했거나 학예회 때 연극을 무대에 올리기 위해 친구들과 함께 연습했던 일 등을 떠올렸다. 오직 공동의 목표를 달성하기 위해 모두가 순수한 마음으로 합심했던 순간이었다. 임원들은 그런 마법 같은 순간을 동료들과 재현하는 일이 가능하다면 자기 자신과 조직의 발전을 달성하는 데 원동력이 될 거라고 인정했다.

하지만 그런 순수한 마음은 비즈니스의 세계에서 철저한 단절을 겪는다. 팀원들은 동료들과 진정한 팀으로 일하고 싶고, 과거 개인적 삶에서 경험했던 참된 동지애를 되찾고 싶다고 말하지만, 업무 현장에서 그런 높은 수준의 신뢰와 협조를 찾아보기는 거의 불가능하다. 물론 어떤 조직이든 다소의 기능 장애를 겪을 수 있다. 문제는 그런 인간적 갈등이 동료들에게 피해를 입히는 상황으로 발전하는 경우가 너무도 흔하다는 것이다. 어떤 사람들은 동료가 제안한 계획에 동의하는 것처럼 말해놓고 실제로는 따르지 않는 일종의 '의안 묵살pocket veto' 기술을 선보인다. '미묘한 공격'의 달인들도 있다. 그들은 회의에서 별다른 의견을 내놓지 않고 곤란한 순간을 미소로 때우고 넘어가거나, "나는 사실 그 아이디어가 좋다고 생각해요"라고 비밀스럽게 말하며 동료를 제물로 삼아 자신의 입지를 강화한다. 또 중요한 회의가 열릴 때마다 복도에서 참석자들을 따로 만나 개인적 목표를 추구하느라 바쁜 사람도 있다. 팀의 분위기를 망치는 것은 대개 이런 상습범들이다. 다른 동료들은 어쩔 수 없이 그들의 의견을 따라야 하는 처지에 놓이거나, 그들의 술책에 희생됨으로써 고통을 겪을 뿐이다.

유독 말썽이 많은 팀들은 조직에 닥친 문제가 제각각이다. 톨스토이가 한 유명한 말은 기업의 경영진에게도 꼭 들어맞는 이야기인 듯하다. "행복한 가족은 모두가 똑같이 행복해한다. 하지만 불행한 가족은 불행한 이유가 저마다 다르다."

기능 장애에 빠진 팀이 조직의 기능을 회복하고 효과적인 팀을 구축하기 위한 중요한 테스트를 통과하려면, 리더들은 언뜻 보면 간단한 것 같지만 사실상 매우 까다로운 네 가지 질문에 답해야 한다. 팀을 구성하는 목적은 무엇인가? 누가 팀의 구성원이 되어야 하는가? 팀은 어떻게 협력해야 하는가? 리더는 팀에서 어떤 역할을 하는가?

우리가 이 질문들에 대한 답을 찾는 과정에서 CEO나 경영진에게서 얻어낸 교훈은, 모든 계층의 팀에게도 똑같이 적용될 것이다.

팀을 구성하는 목적은 무엇인가

2014년 사티아 나델라가 마이크로소프트의 CEO가 됐을 때, 그의 직속부하들은 나델라가 강조한 핵심 과제 중의 하나인 조직문화 개선 작업에 착수했다. 그 결과 마이크로소프트는 사상 최대의 수익과 시가총액 1조 달러라는 성과를 달성할 수 있었다. "현재 내가 가장 역점을 두는 부분은 두 가지입니다. 경영진이 최대한 효과적으로 일하게 할 방법이 무엇인가? 그리고 내가 그 일을 어떻게 지원할 것인가?"

나델라는 CEO에 취임한 직후 애덤과의 인터뷰에서 이렇게 말했다. "내 팀의 구성원 중 많은 사람이 예전에 함께 일하던 동료입니다. 몇 명은 한때 내 상사였고요. 나는 그들이 진정한 의미에서 업무에 헌신할 수 있고 한 팀으로서 서로의 에너지를 교환할 수 있는 틀을 구축해야 합니다. 나는 그들의 능력을 개별적으로 평가하지 않습니다. 그들이 뛰어난 자질을 갖고 있지 않았다면 애초에 이 팀의 일원이 될 수 없었을 테니까요. 나는 우리를 한 팀으로서 평가합니다. 우리는 진정한 의미에서 소통할 수 있는가? 우리는 서로의 능력을 바탕으로 조직에 기여할 수 있는가?"

팀을 구성하는 목적이 무엇이냐고 묻자 나델라는 이렇게 답했다. "우리가 구축한 프레임워크의 기본 개념은 우리의 목표가 조직에 명료함, 유대감, 집중력을 제공하는 일이라는 겁니다. 우리는 무엇을 이루고자 하는가? 우리는 그 일을 달성하기 위해 긴밀하게 협력하고 있는가? 우리는 그 목표를 집중적으로 추구하고 있는가? 바로 그것이 우리가 진정으로 해결해야 할 과제입니다."

나델라는 리더들이 때로 간과하기 쉬운 문제에 대해 스스로 질문하고 답했다. 팀 멤버들이 개별적으로 이루어낸 성공이 아니라, 경영진 전체가 집단적으로 얻어낸 성공은 과연 어떤 모습인가? 그 답은 너무도 자명하게 생각될지도 모른다. 기업의 임원들은 항상 모든 부서 및 사업본부 사이에 긴밀한 유대관계가 존재하는 것처럼 조직도를 그린다. 하지만 경영진이 모두 참석하는 회의는 대개 리더들이 자기 팀의 업무를 CEO에게 보고하는 형식으로 진행된다. 참석자들은 자신의 차례를 기다리며 휴대전화를 들여다본다. 어쩌다 공통된 의제가 제기되면 장기적이고 전략적인 문제보다 단기적이고 지엽적인 논의가 대화의 대부분을 차지한다.

그러나 "우리가 애초에 왜 한 팀이 됐는가?"라는 질문에 대한 답은 오직 한 가지뿐이다. 구성원들이 서로 협력해 특정 과업을 수행하고, 하나의 팀으로서 가장 효과적으로 실행에 옮길 수 있는 조직의 우선순위를 확립하기 위해서다. 그렇다면 팀원 전체나 팀에 속한 하위 그룹들의 집단적 역량이 반드시 필요한 전략적 목표는 무엇인가? 이를테면 모든 구성원의 관심이 필요한 조직문화에 관한 문제를 해결하는 일이나, 기업 환경 변화에 대처하기 위해 업무의 디지털 전환을 앞당기는 일 등을 생각해볼 수 있다. 요컨대 "우리는 어떤 식으로 협력해야 하는가?"라는 질문은 어느 개인이 답변하거나 책임질 수 있는 사안이 아니다. 부서 간 협업 프로젝트를 수행하는 일은 고위 임원들의 주요 임무 중 일부가 되어야 한다. 경영진은 자신의 팀을 관리하고 보호하는 개인적 이해관계를 넘어 전사적 차원에서 이 업무를 이해해야 할 것이다. "마치 사람들이 이중 국적을 필요로 하는 상황과 비슷하다고 생각합니다." 시카고 커뮤니티 트러스트Chicago Community Trust라는 비영리단체의 CEO 헬렌 게일Helen Gayle은 이렇게 말한다. "개인적인 이해관계도 돌아봐야 하지만, 자신이 대기업의 일원이라는 보편적인 관점에서 문제를 생각해야 합니다."

만일 기업의 경영진이 부서 간 협력이 필요한 프로젝트의 성공적인 수행을 바란다면, 그 프로젝트의 숫자는 분기당 3~4개를 넘으면 안 된다. 숫자가 늘어날수록 조직원들의 에너지는 분산될 수밖에 없다. 그러나 협력 프로젝트의 우선순위를 결정하는 일은 어렵기로 악명 높은 작업이다. 팀원들은 각자 협소한 관점에서 정의한 기나긴 프로젝트의 목록을 내놓고 여러 부서가 그 모든 일을 공동으로 수행해야 한다고 주장한다.

지멘스 거번먼트 테크놀로지스Siemens Government Technologies의 CEO 출신으로 현재 메릭앤코에서 임원 훈련 과정을 이끌고 있는 해리 퓨어스타인Harry Feuerstein은 이렇게 말한다. "그들이 최우선순위라고 주장하는 프로젝트는 대부분 여러 팀이 집단적으로 책임질 업무의 범주에 들어가지 않을뿐더러, 회사가 그 모두를 수용할 만한 여건도 되지 않기 때문에 결국 현실화되지 못합니다." 한번은 그가 어느 기업의 경영진에게 우선순위가 높은 프로젝트를 보여달라고 부탁했더니, 그들은 무려 172개의 아이템이 적힌 목록을 내밀었다.

물론 일 욕심이 많고 포부가 큰 임원들에게 '일은 적을수록 좋다'는 말을 납득시키기는 쉽지 않다. 그들은 많은 일을 단시간에 끝내야 한다는 압박감을 느낀다. "모든 일을 한꺼번에 다 처리할 수는 없습니다." TIAA 파이낸셜 솔루션스TIAA Financial Solutions의 전 CEO 로리 딕커슨 푸셰Lori Dickerson Fouche는 이렇게 말한다. "예전에 나는 새로운 자리를 맡았을 때, 마치 캔디 가게에 들어간 아이처럼 눈이 왕방울만큼 커졌습니다. 당시에는 '이 모든 일을 다 해낼 거야'라고 생각했죠. 그보다는 '자, 잠시 숨을 고르고 가장 먼저 해결해야 할 중요한 일을 골라보자'라는 마음가짐을 가져야 했는데 말입니다. 결국 내가 얻은 교훈은 '아니요'라고 말하거나 '그 일은 지금 안 됩니다'라고 거절하는 능력을 길러야 한다는 것이었죠." 이 원칙은 1장에서 살펴본 '단순한 계획'과 긴밀한 연관이 있다. 즉 '단순한 계획'의 핵심 요소는 조직이 추구하는 원대한 목표를 달성하는 데 필요한 서너 가지 전략적 도구를 파악하는 것이다.

누가 팀의 구성원이 되어야 하는가

우리는 기업의 고위 경영진을 멘토링할 때마다 부하직원들의 성과가 어떤지 묻는다. 그들의 대답은 대체로 이런 식이다. "모두 훌륭한 사람들입니다. 선하고, 충직하고, 성실하죠." 그러면 우리는 직원들의 일반적인 성향이 아니라 구체적인 업무 성과가 어떤지 재차 묻는다. 그들의 업무 목표는 무엇이고, 목표 대비 성과는 어떤가? 임원들은 팀원을 한 사람씩 거론하며 그들의 장단점에 대해 이야기한다. 그리고는 잠시 말을 끊었다가 마지못해 이렇게 인정한다. "아마 우리 팀은 내 생각만큼 훌륭하지 않을지도 모르겠네요."

리더들이 자기 팀에 애착을 갖는 것은 충분히 이해가 갈 뿐만 아니라 어느 정도는 칭찬받을 만한 일이다. 그들은 팀원을 뽑을 때 일종의 베팅을 한 셈이다(그리고 모든 리더는 자기가 인재를 알아보는 눈을 가졌다고 믿는다). 또 기업의 경영진은 가족과 지내는 시간보다 동료들과 함께 일하는 시간이 더 많기 때문에, 업무 강도가 높을수록 조직의 유대감은 더욱 강해지는 경향이 있다. 그들은 좋은 일과 궂은일을 함께하며 동료들의 사적인 삶까지 속속들이 알고 있다. 그런 상황에서 특정 팀원을 팀에서 방출하는 일은 리더 입장에서 부담이 클 수밖에 없다. 다른 직원들은 어떻게 반응할까? 새롭게 그 자리를 맡은 사람도 밀월기가 끝나면 나름대로 약점을 드러낼까?

팀의 리더가 실적이 부진한 부하직원을 방치하는 '위험한 비탈길'은 그렇게 시작된다. 리더들은 업무 능력이 의심스러운 직원들에게 적절한 조치를 취하지 않는 자신의 행동을 합리화하고, 그보다는 팀 전체로부터 최선의 성과를 이끌어내기 위해 노력하는 편이 더 낫다고 결론 내린다. 하지만 이는 골칫덩어리 친척을 그냥 참고 견디는 일과 다를 바 없다. "내가 만난 CEO들에게 가장 흔히 발견되는 문제점 중 하나는 같은 부하직원을 너무 오랫동안 옆에 두거나, 적절한 자리에 적절한 인물을 기용하지 않는다는 것입니다." CCMP캐피털의 그레그 브레네만은 이렇게 말한다. "사람들은 변화를 싫어해요. 그동안 내가 목격한 훌륭한 CEO들과 경영진은 하나같이 변화를 받아들이는 데 주저함이 없었습니다. 아주 훌륭한 기업에서도 우수한 인재는 전체의 75퍼센트밖에 안 됩니다. 정말 형편없는 회사라면 그 비율이 25퍼센트를 넘지 못할 겁니다."

그렇다면 누구를 팀에 머물게 하고, 누구를 내보내야 하는가? 뛰어난 능력을 가진 일부 인재들은 판단하기가 수월하다. 이런 스타들에 대한 유일한 걱정거리는 다른 회사에서 더 좋은 조건으로 데려갈 때까지 그들이 이곳에서 얼마나 오랫동안 일할 것인가의 문제다. 따라서 그들에게는 도전적인 업무 목표를 지속적으로 부여하고 이를 달성했을 때 충분히 보상해주어야 한다. 반대로 당신이 곁에 두지 말아야 할 사람은 누구인가? 첫째, 매사를 부정적으로 받아들이고, 동료가 아이디어를 제시하면 거기서 문제점만을 찾아내는 이른바 '고질적 반대론자'들이다. 상사가 하는 말이라면 무조건 동의하는 '습관적 찬성론자'들도 조직에 있어서는 안 된다. 업무 수행에 필요한 지적 능력이 현저히 떨어지거나 팀의 역동성을 해치는 구성원들도 문제다. 회의 때는 찬성해놓고 정작 그 계획을 실천에 옮기지 않는 '수동적 공격형'의 인물도 조직에 전혀 도움이 안 된다. 당신이 이런 골칫거리들을 팀에서 제거하지 않는다면, 리더에 대한 조직 구성원들의 존경심은 날이 갈수록 하락할 것이다. 언젠가 그들을 내보낸다 하더라도, 그 조치를 취하는 데 왜 그렇게 오랜 시간이 걸렸는지 모두가 의아해할 것이다.

가장 결정하기 애매한 경우는 업무 능력이 경계선에 걸쳐 있는 직원들이다. 그들은 팀의 구성원이 되기에 많은 요건을 충족하지만, 리더가 보기에는 일부 문제가 있다. 부하직원을 팀에 남겨둘지 또는 방출할지 여부를 결정하기 위한 당신의 기준은 무엇인가? 이렇게 간단하고 직관적인 질문을 스스로 해보는 것도 한 가지 방법이 될 수 있다. 만일 우리 팀의 모든 자리가 갑자기 공석이 되었다면, 기존 팀원 중 누구를 다시 영입할 것인가? 또는 리더들이 조직 구성원의 능력을 판단하기 위해 활용한 접근방식을 참고해도 도움이 될 것이다.

애트나의 전 CEO 론 윌리엄스는 팀원들이 얼마나 우수한 '전방前方 레이더'를 탑재하고 있느냐를 평가 기준으로 삼았다. 다시 말해 회사가 추진하고 있는 성장 전략을 지원하기 위해 당사자가 진화해야 하는 바를 얼마나 잘 이해하고 있는가를 본 것이다. "당신 팀의 모든 구성원은 필요한 속도에 맞춰 스스로 발전하고 있습니까? 모두가 15퍼센트 이상 나은 성과를 거두고 있나요? 사람들은 이렇게 생각할 수도 있습니다. '앞으로도 지금처럼만 해나간다면 아무런 문제가 없을 거야.' 그러나 이제 세상은 엄청나게 복잡하고 도전적으로 바뀌었습니다. 당신의 사업도 규모가 커졌고 기술적으로 복잡해졌어요. 그런 흐름을 잘 읽어내는 변화의 달인이 되어야 합니다. 그 숙제는 결코 끝나지 않습니다. 당신의 눈에는 일부 직원이 비즈니스의 복잡성에 맞춰 진화할 능력이 부족하거나 그들의 '전방 레이더' 성능이 지속적으로 떨어지고 있는 모습이 보일 겁니다."

소프트웨어 기업 베터클라우드BetterCloud의 CEO 데이비드 폴리티스David Politis는 조직의 차세대 성장에 기여할 준비가 되지 않은 임원들에게서는 세 가지 신호가 나타난다고 말한다.

첫 번째 신호는 내가 그들의 사업 영역에서 반복적으로 발견하는 문제를 정작 그들은 전혀 보지 못한다는 것이다. 내가 그들의 집에 불이 났다고 계속 소리를 질러도 당사자가 그 사실을 깨닫지 못한다면, 나로서는 심각한 경고의 신호로 받아들일 수밖에 없다. 그런 경우는 한두 번이 아니었다.

두 번째로 자주 목격하는 신호는, 자신감이 부족한 임원이 자기를 궁극적으로 대체할 가능성이 있는 팀원을 영입하기를 주저하는 것이다. 관리자가 자신보다 능력이 뛰어난 부하직원을 채용하고자 하는 것은 아주 자연스러운 현상이다. 하지만 자기가 어떤 일을 하고 있는지 잘 모르는 임원들은 우수한 직원을 영입하면 자신의 자리가 위험해질 거라고 지레 걱정한다.

세 번째는 회사가 차기 연도 사업 계획을 수립할 때 일부 임원이 자신의 팀원을 두 배로 늘려달라고(다른 임원들은 한 사람만 더 채용해도 충분하다고 말하는 상황에서) 요청하는 것이다. 그런 임원들의 머릿속에는 다음 단계의 성장에 대한 구체적인 그림이 들어 있지 않을뿐더러, 미래에 어떤 일이 가능한지에 대한 감각조차 없다.

디즈니 인터랙티브 미디어 그룹Disney Interactive Media Group의 전 CFO 브루스 고든Bruce Gordon은 리더들이 자신의 팀에 대해 '황금시대golden age' 테스트를 실시해야 한다고 조언한다.

자신의 직속부하를 상대로 인사 조치를 단행하는 것은 매우 어려운 일이다. 업무 능력이 정말로 형편없는 사람은 드물다. 다만 필요한 만큼 훌륭하지 않을 뿐이다. 리더들은 부하직원에게 "당신은 좋은 사람이고 기술적으로도 우수하지만, 내가 원하는 수준의 전략적·경영적 능력을 갖추지 못했습니다"라고 말하는 것을 어려워한다. 이는 정량적定量的 평가가 아닌 정성적定性的 평가에 해당하기 때문이다. 나 역시 과거 고위 임원으로 근무할 때 그랬지만, 많은 리더는 이런 의사결정을 내려야 하는 상황을 매우 불편해한다. 당신의 팀을 평가할 때 한 가지 유용한 방법은, 그들이 당신에게 '황금시대'를 안겨줄 가능성이 있는지 상상해보는 것이다. 내가 디즈니에서 보낸 30년 동안 황금시대를 경험한 것은 단 세 차례뿐이었다. 그런 좋은 시절은 한 번에 2~3년 정도 지속됐으며, 그 뒤 부하직원들은 승진해서 다른 자리로 옮겨갔다. 황금시대를 함께 누리는 팀의 구성원들은 조직의 전략, 목표, 가치를 중심으로 결속할 뿐만 아니라, 개인적 성과도 매우 뛰어나다. 그중에서도 가장 좋은 점은 그들과 함께 일하는 것 자체가 무척 즐겁다는 사실이다. 황금시대가 펼쳐지는 시기에는 전체가 부분의 합을 능가한다. 따라서 당신이 부하직원을 평가하는 테스트는 이런 질문으로 구성되어야 한다. "이 사람은 황금시대를 창조할 능력이 있는가?" 이점을 판단한 뒤에야 그 사람을 교체하는 일과 교체하지 않는 일의 리스크가 무엇인지 관련자들과 상의할 수 있을 것이다.

"업무 능력이 정말로 형편없는 사람은 드물다. 다만 필요한 만큼 훌륭하지 않을 뿐이다." - 브루스 고든, 디즈니 인터랙티브 미디어 그룹 전 CFO

물론 성과에 대한 목표치를 설정하는 일이 전적으로 리더의 책임은 아니다. 팀원들이 성공의 기준을 직접 수립하고 이를 바탕으로 모든 팀원의 개인적 성과를 자체적으로 평가할 수도 있다. 케빈이 암젠의 CEO로 승진한 직후에 실시한 프로젝트도 그런 시도의 일환이었다. 그는 해군에 복무할 당시 읽었던 하이먼 리코버Hyman G. Rickover 제독의 저서 《엔지니어링 부서 조직 및 규정 매뉴얼Engineering Department Organization and Regulations Manual》에서 이 작업에 대한 영감을 얻었다. 핵잠수함 개발을 진두지휘했던 리코버 제독은 이 얇은 책에서 핵추진 함정을 운영하는 모든 해군 장교에게 요구되는 행동 강령을 명확하게 문서화한 바 있다. 케빈은 암젠의 경영진과 함께 네 시간에 걸친 강도 높은 사외 회의를 열어, 리더십 팀 구성원들에게 요구되는 행동 지침을 스스로 수립하도록 했다. 그리고 작성된 초고를 100여 명에 달하는 사내 리더들에게 회람해서 피드백을 얻었다. 이 과정을 통해 모두가 그 문서에 대해 주인의식을 갖도록 했다.

이 그룹은 치밀한 수정과 보완 작업을 거쳐 암젠의 모든 고위 임원에게 요구되는 리더십 행동 목록을 다음과 같이 도출했다.

》 경로를 설정하라

- 조직의 전략을 도전적이면서도 실행 가능한 목표와 계획으로 변환한다.
- 동료들에게 동기부여가 되는 목적의식과 사명감을 전파한다.
- 일상적 사안과 큰 그림 사이의 균형을 잡음으로써 방향성을 유지한다.

• 내·외부의 기업 환경에 대한 깊은 인식을 바탕으로 통찰력 있는 전략을 개발한다.

》 최고의 팀을 조직하라

• 고성과 인재를 영입 및 유지하고, 핵심 직무를 담당할 후임자를 양성한다.
• 다양성과 자율성을 갖춘 조직문화를 구축한다.
• 정직하고 건설적인 피드백을 제공한다.

》 결과를 내라

• 암젠의 가치를 바탕으로 조직의 목표를 일관되게 달성한다.
• 고성과의 기준을 정립하고, 측정 가능한 목표를 통해 진척도를 추적하고, 성과에 대한 기대치를 지속적으로 상향 조정한다.
• 구성원의 의무와 책임에 대한 회사의 기대치를 명확히 밝힘으로써 조직의 역량을 가장 핵심적인 업무에 집중한다.
• 현실적이고 성과에 초점을 맞춘 업무 점검을 주기적으로 실시하고, 그 결과에 따라 필요한 조치를 신속하게 취한다.

"당신의 팀은 필요한 속도에 맞춰 스스로 발전하고 있는가?"

– 론 윌리엄스, 애트나 전 CEO

〉〉 모범이 돼라

- 암젠의 가치를 몸소 실천하고 다른 동료들도 본받을 수 있도록 기대치를 설정한다.
- 자기 인식을 실현하고 자기 개선을 추구한다.
- 직무 수행에 필요한 기술적 완성도를 달성한다.
- 변화와 혁신의 기회를 주도한다.
- 적절한 위험을 감수할 용기와 판단력을 배양한다.

이 측정 기준은 암젠에서 지금도 사용되고 있으며, 매년 12월에 최고경영진 15명이 참석하는 확대회의에서 C-레벨 다음 단계의 리더 100여 명의 성과를 평가하는 지침으로도 활용되고 있다. 케빈은 이 기준을 사용해서 자신의 직속부하들을 직접 평가하기도 했다. 이 문서에 명시된 행동 지침은 누가 봐도 명료했으므로, 케빈은 '내가 부하직원들을 어떻게 생각하는가'에서 '그들이 실제로 어떤 성과를 거두었는가(그들이 직접 작성한 기준을 바탕으로)'로 논의의 초점을 바꿀 수 있었다. "나는 사람됨됨이를 느낌으로 알 수 있어'라고 막연히 말해서는 안 됩니다. 어떤 사람을 평가하기 위해서는 판단의 근거로 삼을 객관적 기준이 명확해야 합니다. 다시 말해 그 사람에게 성공이 무엇을 의미하는지 명확히 규정해야 하는 겁니다."

당신이 얼마나 훌륭한 리더인지는 오직 당신의 팀원들이 얼마나 훌륭한지에 달려 있다. 마음속에서 성공에 대한 명확한 기준을 설정했다면, 절대 타협하지 마라. 실력이 모자라는 선수를 팀에 끌어안고 있다고 해서 고마워할 사람은 아무도 없다. 승리의 가능성에 지장만 초래할 뿐이다.

팀은 어떻게 협력해야 하는가

역설적으로 들리겠지만, 고위 임원 중에는 팀의 일원으로 활동하는 데 어려움을 겪는 사람이 많다. 그들은 고속 승진을 거듭하며 직원들을 지휘하는 일에만 익숙해진 나머지 자신이 통제력을 행사할 수 없는 팀의 구성원이 되는 데 불편함을 느낀다. 게다가 임원들은 동료들과 수평적인 관계를 구축하기보다 위(상사)와 아래(부하직원)를 관리하는 데 모든 에너지를 집중하는 경향이 있다. 리더십 팀에게 주어지는 보상의 조건도 폐쇄적인 조직문화를 부추기는 요인이다. 팀 전체의 성과보다는 개인적인 수익 및 손실 관련 실적에 인센티브가 연동되기 때문이다. 동료들과의 관계를 제로섬 게임으로 바라보는 사고방식은 바로 이런 환경에서 싹트기 시작한다. 사람들은 이렇게 생각한다. "내가 당신의 실적을 개선하는 일을 돕는다면, 내 실적에 지장이 초래될 것이다." 리더의 역할은 이런 사고가 조직에 만연하지 않도록 사고의 균형추를 적절히 조절하는 것이다.

"기업은 팀 스포츠다." – 디네시 팔리왈, 하만인터내셔널 전 CEO

디네시 팔리왈은 하만인터내셔널의 CEO로 재직할 때 팀의 협력이 무엇보다 중요하다는 자신의 신념을 관철하기 위해 '급여 체계'라는 도구를 활용했다. 그는 이 회사의 최고경영진에게 돌아갈 성과급의 100퍼센트를 하만 전체의 성과에 연동되도록 했다. 그는 조직의 리더 150명이 참석하는 연례 모임에서 이 정책을 발표할 계획이었다. 물론 반기를 드는 사람이 있을 거라는 사실은 불을 보듯 뻔했다. "칵테일파티가 시작되면 그 주제에 반대하는 회의론자들이 한두 명씩 등장합니다." 팔리왈의 말이다. "어느 정도 편안한 분위기가 만들어지면 그들은 이렇게 얘기하기 시작해요. '내가 온갖 고생을 해서 실적을 올리면, 그 혜택은 옆에 앉은 사람에게 돌아가는 셈이군요.'" 팔리왈은 조직의 실적이 장기적으로 등락을 반복하기 마련이라고 팀원들을 설득했다. 그리고 3년 전만 해도 어떤 동료가 뛰어난 성과를 거둔 덕에 다른 사람들이 그 혜택을 입지 않았느냐며 그들의 기억을 상기시켰다. "그렇다고 우리가 완전히 민주적인 회사라서 누구에게나 똑같은 보상을 제공한다는 말은 아닙니다. 단지 기업은 팀 스포츠이기 때문에 특정 개인에게만 승리가 돌아가는 게임은 아니라는 겁니다."

기라성 같은 고위 임원들을 한자리에 불러 모은 뒤에 그들을 팀이라고 부른다고 해서 그들이 정말 한 팀처럼 행동하기를 바랄 수는 없을 것이다. 조직 내의 다양한 역할 사이에는 자연스럽게 긴장관계가 형성되기 마련이므로, 그들 중 누구에게 어떤 의사결정 권한이 있는지 구분하는 것은 난감한 일일 수밖에 없다. 모든 조직에는 항상 거대한 '방 안의 코끼리'(누구나 알지만 못 본 체하는 껄끄러운 문제-옮긴이)가 자리 잡고 있는 법이다. 팀이 효과적으로 협력하기 위해서는 코끼리의 존재를 서로에게 알리고, 그 문제에 대해 기탄없이 논의해야 한다.

존 도나호가 2017년 클라우드 컴퓨팅 기업 서비스나우ServiceNow의 CEO가 된 지 얼마 되지 않았을 때 경험했던 일은 참고할 가치가 있을 것이다. 도나호는 부임 6개월이 지난 어느 날 리더십 팀 전체가 참석하는 사외 회의를 개최했다. 우선순위를 점검하고 차세대 성장전략을 논의하기 위한 자리였다. 임원이 한 사람씩 돌아가며 사업 목표를 이야기할수록 그들이 수립하려는 조직의 우선순위가 얼마나 많은 부서 간 협력을 요구하는지, 그리고 회사의 성공을 위해서는 얼마나 긴밀하게 협력해야 하는지가 분명해졌다. 이 회사의 경영진은 크게 세 부류로 나뉘었다. 첫째, 오랫동안 회사에 근무한 사람. 둘째, 도나호가 CEO로 지명되기 얼마 전에 합류한 사람. 셋째, 도나호가 취임한 뒤에 직접 채용한 사람. "팀을 위한 팀을 구성하는 것은 의미가 없습니다." 도나호는 이렇게 말한다. "모두가 한 팀이 되어 효과적으로 일하지 않으면 회사가 목표로 하는 바를 성취할 수 없다는 공감대가 형성되어야 합니다. 조직의 성공을 견인하는 데는 리더의 역할 못지않게 팀의 역할도 중요합니다."

도나호가 최고인재책임자Chief Talent Officer(CTO)로 영입한 팻 와도스Pat Wadors는 자신이 링크드인의 인사부를 총괄하던 시절에 주도했던 '사회 계약social contract'을 개발하자고 동료들에게 제안했다. 그날 사외 회의에 참석한 서비스나우의 임원들은 몇몇 그룹으로 나뉘어 플립차트, 접착형 메모지, 매직펜 등을 손에 들고 작업을 시작했다. 어느 시점이 되자 그들은 놀랍게도 자기들끼리 토론할 수 있도록 도나호에게 잠깐 나가달라고 부탁했다. 그들만의 대화가 필요할 거라고 생각한 도나호는 그 제안에 흔쾌히 동의했다. 그가 얼마 뒤 방으로 돌아왔을 때, 임원들은 초벌로 작성한 목록을 그에게 내밀었다.

- 우리는 처음부터 한 팀이다.
- 우리는 신뢰를 바탕으로 서로에게 의지한다.
- 우리는 수평적으로 일한다.
- 우리는 모호함을 용납하지 않으며, 우리 자신과 조직을 위해 타인의 모범이 되는 명료한 의사결정을 내린다.
- 우리는 옳음을 확인하기 위해 말하고, 그릇됨을 돌아보기 위해 듣는다. 모두가 함께 결정하고, 약속하고, 이끌어 나간다.
- 우리는 서로의 발전을 돕는다.
- 우리는 항상 교류하며 동료의 성공을 함께 기뻐한다.
- 우리는 조직을 건전하게 지속시키고, 서로를 지원하며, 삶의 균형을 맞추기 위해 노력한다. 우리는 '하나 + 하나 + 하나'가 곧 마법이라는 공식을 몸소 실천한다.

이 목록의 일부 항목은 조직 구성원들의 마음 자세와 관련된 추상적인 목표를 언급한 반면, 다른 항목들은 그들이 취해야 하는 구체적인 행위를 명문화했다. 예를 들어 "우리는 수평적으로 일한다"라는 문장의 의미는 팀원들에게 어떤 문제가 발생했을 때 도나호에게 도움을 요청하기 전에 동료들끼리 먼저 이를 해결하기 위해 노력하자는 뜻이다. 이 회사의 경영진은 자신들이 개발한 사회 계약에 대한 굳은 약속의 의미로, 샌타클래라에 소재한 서비스나우 본사의 사무실 벽에 이 문서를 게시해서 모두가 볼 수 있게 했다. "팀의 구성원들은 하나의 팀으로 일하는 것이 결국 모두에게 이익이 될뿐더러, 그렇지 못하면 승리할 수 없다는 사실을 깨달아야 합니다." 나중에 나이키의 CEO로 자리를 옮긴 도나호는 이렇게 말한다. "최고의 성과를 거두는 팀이 되기 위한 핵심 요건은 구성원들 간에 높은 신뢰 관계를 확립하고, 확고한 운영의 원칙이나 사회 계약을 개발하고, 서로에 대한 약속을 바탕으로 그 원칙들을 철저히 실천에 옮기는 겁니다."

"세상에는 두 종류의 하루가 있을 뿐이다. 당신의 팀이 발전한 하루와 퇴보한 하루."

– 토비 뤼트케, 쇼피파이 설립자 겸 CEO

모든 구성원이 서로를 돕는 진정한 팀을 구축하기 위해서는 많은 시간과 노력이 필요하다. 늘 업무 마감의 압박과 촉박한 일정에 시달리는 임원들의 입장에서는 일부러 시간을 내어 동료들을 더 잘 알기 위해 노력하거나 '어떻게' 함께 일해야 할지 논의하는 일이 사치처럼 생각될지 모른다. 동료와 함께 몸에 밧줄을 묶고 암벽을 등반하거나,

신뢰 게임(다른 사람들이 잡아줄 것을 믿고 선 자세로 뒤로 넘어지는 게임-옮긴이)을 하는 것도 서로 간에 믿음을 쌓는 데 도움이 되겠지만, 서비스나우처럼 '사회 계약'을 개발하면 조직에 훨씬 강도 높은 충격을 선사할 수 있다. 이 계약서가 조직 구성원들이 어떻게 행동해야 하는지에 대한 구체적인 기준을 제시할 뿐만 아니라, 어느 동료가 공동의 약속을 위반할 경우 이를 지적하고 비판할 권리를 다른 사람에게 제공하기 때문이다.

물론 특정한 팀이 얼마나 유기적으로 잘 운영되는지를 수치로 나타내기는 쉽지 않다. 그런 의미에서 전자상거래 기업 쇼피파이Shopify의 CEO 토비 뤼트케Tobi Lütke가 프로그래머에서 팀 전체의 성공을 책임지는 경영자로 역할을 바꾼 뒤에 채택한 흥미로운 측정 방식을 참고하면 좋을 듯하다.

내게 가장 어려웠던 일은 새로 맡은 역할에 따라 개인적 가치 시스템을 새롭게 개발하는 것이었다. 나는 혼자 일하는 컴퓨터 프로그래머라는 직업을 정말 좋아했다. 그러다 보니 투자자들을 만나 이야기하거나 콘퍼런스에 연설자로 나서는 일이 절대 하루를 낭비하는 게 아니라는 사실을 깨닫기까지 몇 년이 걸렸다. 머리로는 알고 있었지만, 가슴으로 느끼지는 못했던 것이다. 결과적으로 나는 나 자신이 조직에 얼마나 기여하고 있는지에 대한 측정 방법을 재설정해야 했다. 그 작업이 마무리되자 우리에게 무엇보다 중요한 것은 팀이며, 하루를 보람 있게 보내는 최선의 방법은 내 팀을 조금이라도 발전시킬 방법을 찾아내는 일이라는 사실을 알게 됐다. 세상에는 두 종류의 하루가 있을 뿐이다. 당신의 팀이 발전한 하루와 퇴보한 하루. 만일 당신이 오직 발전하는 모습으로 하루하루를 보낸다면, 오랜 시간이 흐른 뒤에는 무적의 승리자가 되어 있을 것이다.

리더는 팀에서 어떤 역할을 하는가

의외로 리더 중에는 조직 내에 건강한 역동성을 구축하는 데 별로 관심이 없는 사람이 많다. 일부 리더는 조직의 전체 그림을 홀로 독점하면서 팀 전체를 상대하기보다 부하직원들과 한 사람씩 개별적으로 소통하는 이른바 '부챗살 접근 방식hub-and-spoke system'을 선호한다. 또는 불간섭주의에 가까운 접근방식을 택한 뒤에 팀에서 좀처럼 협력이 이루어지지 않는 것을 보고 곤혹스러워하는 리더도 적지 않다. 심지어 어떤 리더들은 불안감과 우려가 최고의 성과를 창출하는 동력이라고 믿고 경쟁을 부추긴 결과 소위 '창조적 긴장 상태'라는 이름의 불협화음을 만들어낸다. 이런 환경에 놓인 직원들은 동료를 돕기는커녕 자신의 안위를 걱정할 겨를조차 없다.

그러나 분명한 사실은 팀을 성공으로 이끄는 일이 전적으로 리더의 책임이라는 것이다. 리더의 임무는 한두 가지가 아니지만, 그중에서도 가장 중요한 역할은 팀 구성원 간에 긴밀한 협조를 독려하고, 모든 부하직원에게 지속적인 코칭을 제공하고, 후계자를 양성하는 일이다. 우리가 수백 명의 CEO와 대화를 나누는 과정에서 반복적으로 거론된 리더의 핵심적 임무를 정리하면 다음과 같다.

〉〉 심리적 안정감 제공하기

팀 리더는 심리적 안정감을 주는 환경을 구축함으로써 팀원들이 서로 열린 마음으로 솔직하게 대하는 데 편안함을 느끼도록 해야 한다. "예전에 '옆 사람 바보 만들기' 문화가 판치는 곳에서 일한 적이 있습니다." 스타트업 CEO 출신으로 야후와 아마존의 임원을 두루 거친 캐시 새빗Kathy Savitt은 이렇게 말한다. "CEO가 부하직원들에게 뭔가 질문을 하면, 누군가 마지못해 대답을 합니다. 다른 사람들은 앞에 나서서 대답할 용기도 없으면서 그 말에 온갖 비판을 퍼부어대죠. 또 어떤 사람이 뭔가 새롭고 창조적인 일을 제안하면, 나머지 사람들은 그 일에 어떤 가치가 있는지 검토하기보다 그로 인해 무엇을 바꿔야 하는지 지적하느라 바쁩니다. 내가 속했던 경영진에서도 그런 일이 비일비재했어요. 정말 해로운 경험이었습니다."

〉〉 명확한 의제 제시하기

팀 리더는 회의의 의제를 명확하게 제시해야 한다. "리더의 역할은 뭔가를 결정하는 것이 아니라 올바른 의사결정이 이루어지도록 조율하는 겁니다." 가이드와이어의 마커스 류는 이렇게 말한다. "CEO의 막강한 권한이란 바로 이렇게 선언할 수 있는 힘을 말합니다. '나는 이 주제에 관해 30분간 회의를 하고 싶습니다. 내가 원하는 참석자들은 누구누구입니다. 회의가 끝날 때에는 우리가 가야 할 곳이 서쪽인지 동쪽인지 결정할 수 있게 되기를 바랍니다. 최종 결정이 나오기 전에는 회의를 끝내지 않을 겁니다.'"

〉〉 토론의 규칙을 명확하게 설정하기

팀 리더는 토론 및 의사결정의 규칙을 명확하게 설정해야 한다. "리더의 역할 중 하나는 의사결정의 소재를 명확히 밝히기 위해 노력하는 겁니다. 여러 사람의 의견을 듣는 것과 모든 일을 민주적 투표에 따라 결정하는 것은 별개의 문제입니다. 양자 사이에서 발생하는 긴장을 조율하는 것이 우리의 임무입니다." 디자인 소프트웨어 제조회사 오토데스크Autodesk의 전 CEO 칼 배스Carl Bass는 이렇게 말한다. "우리는 어떤 회의든 이 사안에 대한 결정권이 한 사람에게 귀속되는지 또는 모든 사람의 합의가 필요한지를 미리 밝히고 시작합니다. 모든 참석자가 이를 이해하는 일이 중요합니다. 그 부분이 분명치 않으면 의견을 제시한 사람이 자신의 말이 받아들여지지 않을 경우 좌절감을 느낄 수도 있기 때문입니다. 그러나 그들은 최종적인 의사결정에 관련된 포괄적인 전후 사정을 잘 이해하지 못합니다. 리더의 핵심 역할은 가능한 한 많은 의견을 모아서 책상 위에 올려두는 겁니다. 하지만 분명한 사실은 그가 주위 사람들에게 정보를 얻고 의견을 물었다고 해서 그들에게 결정권을 넘기는 게 아니라는 겁니다."

〉〉 포용적인 태도로 대화하기

팀 리더는 모든 사람을 대화에 참여시켜야 하며, 중대한 주제일수록 모든 사람에게 발언권을 부여해야 한다. 케빈은 이렇게 말한다. "나는 중요한 팀 회의를 진행할 때마다 테이블에 앉은 사람들에게 돌아가며 이렇게 묻습니다. '당신의 생각은 어떻습니까? 당신의 생각은 어떤가요? 당신은요?' 그렇다고 항상 똑같은 순서로 묻는 것은 아니며, 똑같은 사람부터 질문을 시작하지도 않습니다. 팀원들은 내가 그들의 생각을 정말로 듣고 싶어 한다는 사실을 잘 알고 있습니다. 만일 우리가 중요한 주제에 대해 생각이 일치하지 않는다는 것이 분명해지면, 우리는 더 많은 이야기를 나눠야 합니다."

〉〉 코칭하기

팀 리더는 모든 구성원에게 코칭을 제공할 의무가 있다. 케빈은 매년 12월의 휴가 기간에 직속부하 모두에게 두 장 분량의 편지를 보냈다. 그는 이 편지에서 세 가지를 강조했다. 첫째, 그 임원이 한 해 동안 어떤 면에서 성공적이었고, 그의 노력에 얼마나 고마워하는지. 둘째, 다음 해에 그에게 기대하는 것은 무엇인지. 셋째, 그 임원이 더 훌륭한 리더가 되기 위해 역점을 기울여야 하는 세 가지가 무엇인지. 새해가 되어 모두가 휴가를 끝내고 복귀하면 케빈은 부하직원들을 각자 면담해서 그 편지에 담긴 내용을 함께 논의했다. 그리고 한 해의 절반이 흐른 시점에서 다시 만나 그동안의 진척 사항을 점검했다. "내가 이 45분간의 회의에서 원하는 것은 두 가지입니다. 부하직원들이 자기가 가고 있는 길에 대해 완전한 자신감을 얻는 것과, 내가 그들의 성과를 어떻게 평가하고 무엇을 기대하는지 분명히 파악하는 것입니다." 그는 이렇게 덧붙인다. "그들은 내가 보낸 편지를 자기계발을 위한 가장 중요한 소통의 수단으로 인식하게 됐습니다."

〉〉 인재 채용하기

훌륭한 인재를 채용하는 것도 팀 리더의 역할 중 하나다. 팀은 정지 상태로 영원히 머무는 조직이 아니며, 그래서도 안 된다. 구성원들은 항상 바뀌기 마련이다. 게다가 그중 일부는 회사를 다음 단계의 성장으로 이끄는 데 도움이 되는 인재로 교체되어야 한다. 경우에 따라 외부에서 적임자를 물색해야 할 때도 있다는 뜻이다. 그렇다고 최고의 후보자를 찾는 일을 헤드헌터를 포함한 타인의 손에만 맡겨두어서는 안 된다. 케빈은 암젠 외부의 지인들을 통해 특정한 자리에 적합한 업계 최고의 인재가 누군지 주기적으로 파악했다. 물론 그런 인재들은 지금 근무 중인 회사를 떠나고 싶어 하지 않을지 모르지만, 중요한 승진 기회를 놓쳤다거나 회사가 다른 곳에 인수되었다면 이직 제안을 적극적으로 고려할 수도 있다. 케빈이 리더십 팀을 구성하는 과정에서 채용한 연구개발 총괄 임원과 마케팅 및 세일즈 부서의 수장은 각각 그 두 경우에 해당하는 인재들이었다. "어느 날 갑자기 지금부터 인재를 찾아 나서겠다고 말해서는 안 됩니다." 케빈의 말이다. "항상 인재들의 동향에 세심하게 주의를 기울여야 합니다."

〉〉 후계자 양성하기

팀 리더는 후계자를 양성할 책임이 있다. 물론 모든 리더가 그 일을 기쁜 마음으로 받아들이지는 않는다. 리더 중에는 자신이 조직을 떠날 경우 누구에게 자리를 물려주어야 할지 고민하는 일을 가급적 뒤로 미루려는 사람이 많다. 하지만 후계자를 지정하고 육성하는 일은 리더의 핵심 역할인 인재 채용과 코칭 업무의 중요한 일부다.

케빈 역시 자신의 뒤를 이을 사람을 일찌감치 찾아 나섰다. 암젠의 CEO로 12년을 보낸 그는 취임 5년째 되던 해에 모건스탠리에서 유럽 투자은행 부문을 총괄하던 밥 브래드웨이Bob Bradway를 만났다. 케빈은 다방면에서 우수한 리더의 자질을 갖춘 브래드웨이에게 새로운 도전을 제안하며, 연봉의 하락을 감수하고 100여 명으로 구성된 암젠의 부사장단에 합류하라고 설득했다. 브래드웨이는 새롭게 맡은 모든 직무를 성공적으로 수행한 뒤에 사장으로 선임됐다. 케빈은 그를 위해 2년 동안 멘토 역할을 수행했으며, 2012년에 그에게 CEO 자리를 넘겼다. 그 뒤로 암젠의 주가는 70달러에서 200달러로 치솟았다. 2020년 암젠의 주식은 다우존스 산업평균지수에 포함됐다. 이 회사의 장기적 성공과 성장에 대한 공식적 인정의 증거였다.

"당신이 어떤 유산을 남겼는지는 두 가지 간단한 테스트로 알 수 있습니다." 케빈은 이렇게 말한다. "이 회사는 당신이 CEO로 부임한 날보다 떠난 날에 더 나은 모습으로 성장했는가? 그리고 당신의 후임자는 어떤 성과를 내고 있는가?"

✖●✖

팀을 구축하고, 관리하고, 개발하는 일은 그 자체만으로도 전업으로 수행해야 할 또 다른 직업처럼 생각될지 모른다. 그렇지만 조직의 리더들이 이 일에 최대한 많은 시간을 투자하며 다음의 네 가지 질문에 답을 할 수 있다면 언제나 최고의 상태로 조직을 운영할 수 있을 것이다. 우리 팀의 목표는 무엇인가? 우리 팀에는 가장 우수한 인재들이 일하고 있는가? 우리 팀은 협력에 대한 계획이 뚜렷한가? 나는 리더로서 팀을 운영하는 책임을 전담하고, 구성원 모두의 발전을 위해 그들에게 코칭을 제공하고 있는가?

안타깝게도 이 테스트에 실패하는 리더는 수도 없이 많다. 조직의 전략 수행에 앞장서는 강력한 팀 없이 리더의 자리를 오래 지키기는 어렵다. 하지만 리더들은 팀의 중요성을 머리로는 이해하면서도 항상 그런 믿음에 따라 행동하지는 않는다. 그들은 구성원들이 팀의 목표보다 개인적 목표를 우선적으로 추구하도록 방치하고, 우수한 인력을 채용하는 데 실패한다. 또는 팀원들로부터 긴밀한 협력을 이끌어내지 못하며, 부하직원들에게 코칭을 제공할 용기를 내지 못하고, 능력이 부족한 사람을 조직에서 방출하는 의사결정 앞에서 몸을 사린다. 만일 당신이 훌륭한 인재들로 주위를 채우지 못한다면, 어느 순간 내 일이 아니라 부하직원들의 업무를 대신 해주고 있는 자신을 발견하게 될 것이다. 이는 우리가 대화를 나눈 수백 명의 리더들이 고충을 토로했던 주제다. 훌륭한 팀을 대체할 수 있는 것은 세상 어디에도 없다.

"성공의 문을 여는 세 개의 열쇠는 당신이 구축한 팀, 당신이 구축한 팀, 그리고 당신이 구축한 팀입니다." 거버넌스, 리스크, 규정 준수 등에 관한 소프트웨어를 제조하는 메트릭스트림MetricStream의 전 CEO 셸리 아참보Shellye Archambeau는 이렇게 말한다. "여기서 '구축'이란 적극적이고 능동적인 행위를 의미합니다. 회사가 성장하고 발전하고 진화함에 따라 팀도 같은 방향으로 움직여야 합니다. 물론 부하직원들과 긴밀하게 일하며 한편으로는 팀을 부단히 전진시키는 일은 결코 쉽지 않습니다. 당신은 3년 뒤에 이 팀에게 무엇이 필요할지 늘 생각해야 합니다."

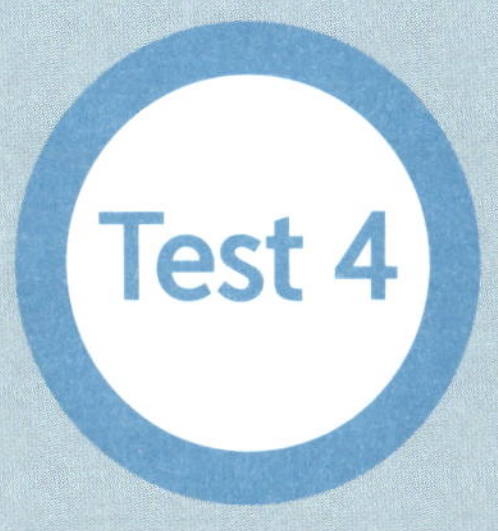

당신은 혁신을
주도할 수 있는가?

강력한 현상 유지의 욕구는 변화의 적이다

혁신은 모든 리더의 직무 기술서에 단골손님처럼 등장하는 항목이다. 지금까지 해오던 일을 별 생각 없이 그대로 지속하거나 현상 유지에 매달리는 것처럼 위험한 비즈니스는 없다. 이제 리더에게 '변화를 주도할' 책임이 있다는 말 자체가 더 이상 필요하지 않은 시대가 되었는지도 모른다. 조직을 이끈다는 말은 곧 변화시킨다는 말이다. 그리고 변화를 주도하기 위해서는 회사를 개선하기에 앞서 당신 자신을 해체하는 과정이 필요하다.

물론 우리가 앞의 세 장에서 살펴본 도전 과제들 역시 해결하기가 만만치 않다. '단순한 계획'을 수립하고, 최고의 성과를 거두는 팀을 구축하고, 모든 구성원이 일사불란하게 조직의 전략을 추진하도록 기업문화를 창조하는 일은 매우 어렵다. 그중에서도 회사의 거의 모든 측면을 지속적으로 재구축하고 재발명하는 일은 많은 리더에게 너무도 벅찬 임무로 보일 것이다. 가장 큰 이유는 직원들이 미래의 불확실성(특히 파괴적 혁신이 초래하는 불확실성)에 모험을 걸기보다 현 상태를 그대로 유지하는 편을 선호하기 때문이다('만약에'라는 질문을 끊임없이 던지는 CEO보다 회사의 분위기를 더 빠른 속도로 긴장감 속에 몰아넣는 사람은 없다). 일부 리더는 현 상태의 지속이라는 강력한 관성을 극복할 수 있는 길이 분명히 있음에도 불구하고 가능한 한 그 작업을 미루려 한다. 그리고 나중에 자신의 자리를 물려받을 후임자가 조직에 불어닥칠 파괴적 혁신을 능히 감당할 수 있을 거라고 평계를 댄다. 또는 최고디지털책임자 같은 사람을 채용해 혁신을 떠넘기는 리더도 있다. 하지만 그 책임자가 자신의 왕국을 보호하고자 하는 동료들에 의해 길옆으로 밀려날 거라는 생각은 하지 못한다.

조직의 혁신을 가능하게 하는 가장 중요한 열쇠는 무엇일까? 우리는 여기서 대략 여덟 단계로 이루어진 구체적인 프로세스를 독자들에게 제공하려는 것이 아니다. 그런 지침들은 어디서나 쉽게 찾아볼 수 있지만, 그 효용성에는 한계가 있다. 한 가지 교본만으로는 다양한 종류의 조직이 직면한 특수한 도전들을 해결할 수 없다. 대신 우리는 리더십의 렌즈를 통해 혁신을 논의하고 몇 가지 사례 연구로부터 교훈을 추출하는 데 초점을 맞춤으로써, 조직의 변화를 주도하고자 하는 임원들에게 유용한 단서를 제공하려고 한다. 여기서 우리가 공유할 사례 연구에 등장하는 회사들(뉴욕타임스 컴퍼니, 암젠, 베터클라우드)은 규모와 산업 분야가 저마다 다르다. 더 중요한 점은 혁신을 도입해야 할 긴급함의 수준도 달랐다는 것이다.

암젠은 케빈의 리더십 아래 오랫동안 지속된 고속성장의 시기를 마무리하고, 다음 단계의 성장을 위해 조직의 전열을 재정비하고 시스템을 점검해야 하는 상황이었다. 뉴욕타임스 컴퍼니는 종이 신문의 광고 매출이 급격히 하락하는 현실에 맞서 비즈니스 모델을 바꾸고 디지털 회사로서의 정체성을 구축해야 하는 도전에 직면해 있었다. 그리고 클라우드 컴퓨팅 환경의 급격한 변화에 따라 그야말로 실존적 위협에 처했던 베터클라우드는 자신들이 타고 있던 '배를 불태우고' 새로운 플랫폼을 바닥부터 구축해야 했다.

우리는 이 세 회사가 겪은 경험에서 도출된 교훈들을 바탕으로, 조직에 혁신을 도입하려는 모든 리더가 염두에 두어야 할 접근방법을 다음과 같이 정리했다.

- 지지자를 규합해서 '논쟁의 여지가 없는' 혁신의 계획을 수립하고, 현상 유지에 매달리는 일이 더 이상 선택지가 될 수 없는 이유를 모든 사람에게 납득시킨다.
- 조직의 사명과 목적처럼 앞으로도 절대 바뀌지 않을 불변의 가치가 무엇인지 분명히 밝힌다. 그럴 때 직원들은 업무 완수를 위한 새로운 접근방식을 더욱 열린 자세로 받아들일 것이다.
- 자신의 팀을 포함한 조직 전체의 구성원들과 함께 혁신의 전략을 개발함으로써 공동의 주인의식을 배양한다(상명하달 방식의 계획은 효과가 없다).
- CEO와 최고경영진으로부터 혁신을 추진하는 데 적극적으로 동참하겠다는 약속을 받아낸다. 이를 통해 책임의 소재를 명확히 규

정하고, 계획의 진척도 점검과 성공을 측정하기 위한 스코어보드를 개발한다.

- 미래가 불확실할수록 혁신이 절실하다는 사실을 직원들에게 강조하고, 당신의 조직이 빠른 속도로 변화에 적응할 수 있을 거라는 자신감을 북돋는다.

독자들은 이 사례를 살펴보는 동안 자신의 회사에도 적용 가능한 통찰을 발견할 수 있을 것이다. 다시 말하지만 조직이 직면한 도전의 양상은 저마다 다르다. 하지만 어떤 상황에서든 효과를 발휘하는 만능의 해결책은 분명히 존재하는 법이다.

뉴욕타임스 컴퍼니

마크 톰슨Mark Thompson은 헤드헌터로부터 뉴욕타임스의 CEO 자리를 제안받았을 때 처음에는 거절했다. 당시 톰슨은 BBC 방송국의 베테랑 임원이었다. 뉴욕타임스의 완고한 전통을 뜯어고치기가 거의 불가능하다고 생각한 친구들도 그 자리를 권하지 않았다. 하지만 톰슨은 결국 새로운 도전을 받아들였다. 특히 이 신문사의 지배주주인 옥스 설즈버거Ochs Sulzberger 가문과 뉴욕타임스의 이사회가 조직의 대대적인 개혁을 약속한 것이, 그가 마음을 바꾼 결정적인 계기였다. "나는 이 조직이 기존에 고수해오던 방식을 개선한다면 서너 배 이상 발전할 수 있다고 결론 내렸습니다." 톰슨은 이렇게 말한다.

그가 CEO로 부임했을 때 뉴욕타임스는 지난 수십 년 동안 회사의 재무적 생명줄이었던 광고 매출이 급격히 떨어지고 있었다. 과연 이 회사가 생존할 수 있을지에 대한 의문부호가 크게 대두되었다. 그들 앞에는 온라인 사업을 확장해야 한다는 절체절명의 시대적 요구가 기다리고 있었지만, 정작 뉴스를 생산하는 부서인 보도국의 주된 관심사는 여전히 종이 신문이라는 이미 시효가 끝난 비즈니스에 고정되어 있었다. 게다가 보도국과 사업부 사이에는 과거 언론의 독립성을 보장할 목적으로 쳐놓은 높다란 장벽이 세워져 있었다. 이로 인해 보도국 직원들은 회사가 직면한 재무적 위기에 대한 해결책을 사업부의 동료들과 합심해서 찾으려 들지 않았다.

톰슨은 이 회사의 CEO로 부임할 때 한 가지 개인적 원칙을 세웠다. 자신이 문제 해결책을 이미 찾아냈거나 앞으로 찾아낼 수 있다고 생각하지 않겠다는 것이었다. "부임 첫날부터 새로운 아이디어나 문화를 밀어붙이는 사람은 CEO로 성공하지 못합니다." 톰슨은 이렇게 말한다. "그런 방법은 효과가 없습니다. 해결책은 적절한 절차를 통해 풀어나가는 겁니다. 조직 내에 해결책을 주입하기보다 조직으로부터 추출해야 합니다. 이 말은 조직의 미래를 두고 구성원들과 심도 있는 대화를 단계적으로 나누려고 노력해야 한다는 뜻입니다."

톰슨은 보도국과 사업부 사이에 존재하는 전통적인 사고방식의 차이를 감안할 때 그가 어떤 계획을 발표하건 보도국의 언론인들이 회의적으로 반응하리라는 사실을 알고 있었다. 따라서 그는 아예 접근방식을 바꾸기로 했다. 우선 보도국 직원들이 자체적으로 팀을 조직해서 뉴스 부문을 혁신할 방법을 연구하라고 요청했다. 이 위원회를 주도한 인물은 당시 보도국의 편집자로서 나중에 이 신문사의 발행인이 되는 아서 그레그 설즈버거Arthur Gregg Sulzberger였다(이 책의 저자 중 한 사람인 애덤은 설즈버거에 의해 이 혁신위원회 멤버로 선발됐다). 이 위원회는 9개월의 준비 기간을 거쳐 소수 고위 임원들에게만 전달할 목적으로 97쪽에 달하는 보고서를 작성했다. 그러나 이 문서는 버즈피드에 유출되어 2014년 5월 15일 온 세상에 공개됐다. 뉴욕타임스에 닥친 모든 도전 과제를 직설적인 언어로 나열한 이 문서(예를 들어 "우리는 회사의 전통을 면밀히 재검토하고 우리 자신을 채찍질해야 한다.")는 세계 최고의 언론사라는 자긍심으로 가득했던 이 회사의 직원들에게 큰 충격을 주었다.

하지만 보고서가 공개된 데 대한 초기의 우려에도 불구하고, 이 문서는 회사가 직면한 문제들이 무엇인지 전 직원들에게 알리는 역할을 했다. 그것은 혁신의 첫걸음이었다. "보고서가 공개된 첫날은 정말 끔찍했다." 설즈버거는 이렇게 회고한다. "인터넷 매체들은 너나 할 것 없이 이 충격적이고 뼈아픈 내용으로 가득한 보고서를 헤드라인으로 다루며 뉴욕타임스가 혼란에 빠졌다고 보도했다. 동료들이 그 보고서를 어떻게 생각할지 알 수 없었다. 전통에 집착했던 수많은 임직원처럼, 나 역시 변화에 대한 논의는 점진적으로 이루어져야 한다고 믿었던 사람이었으니까. 그러나 하루 이틀 지나면서 우리의 대화 분위기는 완전히 바뀌었다. 보고서의 내용이 두렵게 느껴지기는 했지만 한편으로는 그 문서가 모든 사람에게 힘을 실어주는 효과를 발휘한 것이다. 직원들은 처음으로 자신의 삶과 일상, 그리고 업무적 습관을 근본적으로 바꿔야 할 필요성을 뼈아프게 느꼈다."

회사가 직원들을 대상으로 자체적인 연두교서(미국 대통령이 연초에 국가의 전반적인 상황을 분석·요약해 기본정책을 설명하고 필요한 입법을 요청하는 문서-옮긴이)를 발표하려면, 누구도 반박할 수 없는 명확한 사실만을 문서에 포함시켜야 한다는 것이 많은 사람의 조언이다. 설즈버거의 말을 들어보자.

나는 '혁신 보고서'의 최종본이 이론의 여지가 없는 분명한 사실만으로 채워지기를 원했다. 당신의 조직에서 구성원들이 미래에 대해 어떤 생각을 갖고 있는지를 수집하기 위해 작성하는 문서나 플랫폼의 규모가 한없이 크다면, 누구나 수많은 아이디어를 쉽게 제시할 수 있을 것이다. 어떤 사람은 이렇게 말할지도 모른다. "기사를 작성하는 방식을 이런 식으로 바꿔야 할 것 같습니다." 또는 "우리는 리더에게 이런 자질을 기대해야 합니다." 그러나 그런 모델은 변화의 필요성에 대한 합의를 도출하기에 다소 문제가 있다. 합리적인 사고방식을 지닌 사람이라고 해도 당신이 제안한 아이디어에 동의하지 않을 수 있기 때문이다. 합리적인 사람이 동의하지 않는다는 말은 당신의 아이디어가 단지 개인적인 의견에 불과할 수도 있다는 뜻이다. 나는 우리의 보고서에 포함된 모든 권고 사항이 직원들에게 확실한 공감을 이끌어내기를 바랐다. 우리의 문서는 전적으로 객관적인 데이터를 바탕으로 작성되었으며, 다소 가벼운 논조로 지적한 내용조차 누구도 반박하기 어려웠다.

이 보고서가 세상에 공개되자, 설즈버거는 한 번에 최대 30명의 직원과 90분 동안 대화를 나누는 일종의 '사내 순회 홍보 행사'를 개최했다. 그는 이 행사를 진행하며 총 1200여 명의 기자를 만났다. 그들과의 대화에서 회사가 기자들에게 새롭게 요구하는 모든 사항(가령 소셜미디어에 더 많은 기사를 노출하고, 기사를 더욱 신속히 작성하고, 기사의 시각적 효과를 높이고 등등)의 이면에 놓인 '이유'를 명확히 알리는 일이 얼마나 중요한지 절실히 깨달았다. 설즈버거는 이렇게 말한다.

우리는 그들에게 어떤 지침도 제시하지 않았다. 따라서 임원들 사이에서는 회사가 당면한 도전이나 조직에 변화가 필요한 이유에 대해 근본적으로 의견이 엇갈리는 불협화음이 발생할 수밖에 없었다. 말하자면 우리는 이곳을 최고의 언론사로 만드는 데 혁혁한 공을 세운 사람 대부분에게 전후관계에 대한 설명도 없이 그저 변화해야 한다고만 말했던 것이다. 언론계에는 이런 격언이 있다. "말하지 말고 그냥 보여주라." 우리는 동료들에게 문제가 무엇인지 보여준 적이 없었다. 다시 말해 회사가 직면한 도전이나 문제에 대해 함께 고민할 기회를 제공하지 않고 그저 변화가 필요하다고 이야기했을 뿐이다. 그들을 만나면서 또 하나 깨닫게 된 놀라운 사실이 있다. 보도국 기자 중에 그 혁신 보고서를 두고 이야기를 나누고 싶어 하는 사람이 한두 명이 아니었다는 것이다. 그들은 우리 회사, 우리의 전략, 그리고 전략의 실행에 대해 이토록 허심탄회한 대화를 마지막으로 나눈 때가 언제인지 모르겠다고 입을 모았다. 소통은 업무 목록의 맨 끝에 놓이는 경우가 많지만, 언제나 최우선순위라는 사실을 다시 한번 깨달았던 순간이다.

설즈버거는 뉴욕타임스의 기반이 뿌리째 흔들리는 게 아니냐는 많은 사람의 우려와 관심을 잠재우기 위해 편집국장 딘 바케이Dean Baquet의 표현을 빌려 그들을 안심시켰다. 조직이 변화하기 위해서는 전통과 사명을 분리해야 한다는 것이다. "조직의 사명은 절대 변해서는 안 됩니다." 설즈버거는 이렇게 설명한다. "사명에 손을 대면 커다란 위험에 빠질 수 있습니다. 반면 전통은 끊임없이 되돌아봐야 합니다. 물론 전통이 꼭 나쁘다는 의미는 아닙니다. 전통에 대한 지속적인 검토와 개선이 이루어진다면, 이는 조직을 떠받치는 든든한 기둥이 될 수 있습니다. 하지만 일부 회사는 변화를 추구하는 과정에서 오직 전통을 깨기 위한 목적으로 전통을 무너뜨리려 합니다. 그것은 분명 실수입니다. 그렇다고 단지 전통이 존재한다는 이유만으로 전통을 고수해서도 안 됩니다."

"조직의 사명에 손을 대면 커다란 위험에 빠질 수 있다. 반면 전통은 끊임없이 되돌아봐야 한다." - A. G. 설즈버거, 〈뉴욕타임스〉 발행인

리더들이 이 과정을 성공적으로 수행하는 데 가장 필수적인 요소
는 회사의 존재 이유를 명확히 밝히는 일이다. 설즈버거의 말을 계속
들어보자.

　만일 당신이 무엇이든 원하는 대로 구할 수 있고 회사의 어떤 부분
이라도 마음대로 바꾸는 일이 가능하다면, 꼭 그 회사만이 세상에 존
재해야 할 이유는 없어질 것이다. 존재 이유가 없다는 말은 성공에 굶
주린 신생 스타트업들이 그 회사의 자리를 대신할 수도 있다는 뜻이
다. 당신의 책무는 회사의 명확한 존재 이유와 절대 바뀌지 않을 가치
를 언어로 표현하고, 이에 대해 모든 직원과 적극적으로 소통하는 것
이다. 당신의 논리가 충분히 설득력이 있다면 이제부터 혁신을 시작
해도 좋다는 허가서를 직원들에게 발부하는 셈이다. 우리의 경우에는
언론의 본질적인 사명을 절대 바꾸지 않겠다는 전제 아래, 그 사명을
더욱 잘 수호할 수 있다면 무엇이라도 바꿀 준비가 되어 있었다. 보도
국 기자들과 소통하는 과정에서 내가 담당했던 가장 큰 임무는 우리
가 이 명제를 중심으로 뭉친 이상 누구나 변화의 여정에 나설 권리가
있다는 사실을 모든 사람에게 이해시키는 것이었다.

　혁신을 주도하는 리더들은 불가피하게 직원들의 회의적인 시각에
직면하게 된다. 새로운 계획은 과연 효과가 있을까? 리더는 계획의
성공 여부가 불확실하다는 사실을 솔직히 인정하고 회의론을 정면
돌파해야 한다. 설즈버거는 이렇게 말한다.

　CEO의 일

조직의 변화를 주도하기 위해서는 성공할 수도 실패할 수도 있는 일을 다각도로 시도할 필요가 있다. 그리고 어떤 일이 기대했던 것만큼 효과가 없을 경우 이를 중단해야 한다. 그런 상황에서 어떤 사람은 이렇게 말할 것이다. "당신들은 스스로 무엇을 하는지도 잘 모르면서 우리의 시간만 낭비했군요. 1년 전에는 지금쯤 성과가 날 거라고 큰소리쳤지만, 어디서도 그런 성과를 찾아볼 수 없어요." 내가 그런 항의에 대응하는 논리 중 하나는 이렇다. "우리에게는 변화에 대한 시나리오가 없습니다. 우리는 지도를 따라 이곳에 온 것이 아니라 완전히 새로운 길을 개척하고 있는 겁니다. 우리가 시도하는 일은 성공할 수도 실패할 수도 있습니다. 실패한다면 당신의 시간을 낭비한 셈이 되겠죠. 1년쯤 뒤에 당신은 나를 찾아와 이렇게 투덜댈지 모릅니다. '애초에 이것이 좋은 아이디어라고 생각한 이유가 뭔가요?' 그러나 우리가 그 일을 시도해야 할 이유는 이것이고, 그 일이 성공했을 때 우리가 얻게 될 혜택은 이것입니다. 만일 그 일이 성공하지 못하면 정당한 이유를 설명하겠습니다."

뉴욕타임스의 혁신 보고서가 변화의 기폭제로 작용하기는 했지만, 이 회사에는 여전히 혁신을 주도하기 위한 통합적인 전략이 필요했다. 갈수록 많은 광고주가 페이스북이나 구글로 몰려들면서, 그동안 광고 수익에 의존했던 이 회사의 사업 모델은 커다란 위기에 처했다. 종이 신문 구독자들로부터 발생하는 매출 역시 주요 수익원 중 하나였지만, 휴대전화나 컴퓨터로 뉴스를 접하는 독자들이 점점 늘어나면서 이 회사는 디지털 미래에 대비한 새로운 비즈니스 모델을 구축해야 했다.

2015년, CEO 마크 톰슨은 '금요일의 회합Friday Group'이라고 명명된 정기 회의를 개최하기 시작했다. 참석자는 사업부와 보도국의 고위 임원들이었다. 그들은 6개월에 걸쳐 매주 금요일 오후 12시부터 6시까지 회의를 진행했다. 톰슨은 이 회합에 참석한 사람들이 회사에 닥친 중차대한 문제들을 논의함으로써 의미 있는 진전을 이룰 수 있으리라고 믿었다. "최고경영진이 생산적이고 진솔한 대화를 나누지 못한다면 우리는 아무 곳에도 도달할 수 없다고 생각했습니다." 톰슨은 이렇게 회고한다. "나는 어떤 결과가 나오든 기꺼이 기다리기로 했습니다. 때로는 조용하고 끈기 있게 상황을 지켜봐야 하는 법이니까요. 그동안 언론이라는 조직에 합류한 많은 사람이 획기적인 변화를 추진하는 모습을 목격했습니다. 하지만 그들의 시도는 대개 저항에 부딪혀 좌절됐습니다. 금요일 회합의 참석자 중에서도 처음에는 이 회의의 효용성에 회의적인 태도를 보이며 각자의 바쁜 업무로 돌아가기를 원하는 사람이 많았어요. 우리는 회사가 직면한 도전과 문제에 대해 이야기를 나누며 회의를 시작했습니다. 여름으로 접어들자 회의에서 다루는 주제들의 난이도가 점점 높아졌고 대화의 분위기도 격렬해졌습니다."

"언론이라는 조직에 합류한 많은 사람이 획기적인 변화를 추진하지만, 그들의 시도는 대개 저항에 부딪혀 좌절되곤 한다." – 마크 톰슨, 뉴욕타임스 컴퍼니 전 사장 겸 CEO

그렇게 수많은 회의를 거쳐 도출된 아이디어 중 하나가 회사의 두 부문을 '구독 최우선subscription first'이라는 공동의 목표를 중심으로 결속하자는 안이었다. 다시 말해 조직의 모든 구성원이 온라인 구독자 수를 극대화한다는 단일 목표에 집중한다면, 보도 부문(더 많은 독자 제공)과 사업 부문(안정적인 매출과 더 많은 광고 수익 확보)의 임원들 모두에게 더 많은 혜택이 돌아갈 수 있으리라는 것이었다. '구독 최우선' 전략은 치열한 토론을 거쳐 이 그룹의 핵심 사업 계획으로 자리 잡았으며, 이 전략을 바탕으로 조직의 성장을 측정할 공동의 스코어보드가 구축되었다. 톰슨이 CEO로 취임한 2012년에 60만 명에 불과했던 온라인 구독자 수는 2020년에 500만 명을 돌파했다. 그가 CEO 자리를 지키는 동안 뉴욕타임스 컴퍼니의 주가는 네 배 이상 상승했다. 2020년에 톰슨은 CEO 자리에서 물러났다. 그의 후임자는 2013년 톰슨이 포브스에서 최고매출책임자로 영입한 메러디스 코핏 레비언Meredith Kopit Levien이었다.

암젠

케빈이 암젠의 사장과 CEO로 근무한 20여 년 동안 이 회사의 최우선 과제는 줄곧 '성장'이었다. 밥 브래드웨이가 CEO 자리를 이어받은 뒤에 새롭게 구성된 이 회사의 경영진은 이제 암젠이 다음 단계의 성장을 준비할 때라는 점에 의견이 일치했다. 당시 그들은 암젠이 처한 상황을 다음과 같은 한 줄의 문장으로 요약했다. "우리는 좋은 실적을 거두고 있습니다. 그러나…."

'그러나'라는 단어에 함축된 의미는 오늘날 암젠이 지어진 지 35년이나 지난 주택으로, 배관, 창문, 지붕, 전기 설비 등이 옛날 그대로라는 뜻이다. 이 집은 전면적인 보수를 할 필요가 있었다. 암젠의 의약품 중 일부는 특허 만료를 앞두고 있었고(다시 말해 매출의 심각한 하락을 목전에 두고 있었고), 새로운 제품을 출시하기 위해서는 막대한 자금을 조달해야 했다. 게다가 그들은 해외 시장의 범위를 수십 개국으로 더 확대할 계획이었다. 암젠의 경영진은 변화를 자체적으로 이루어내지 못한다면 경쟁자든 투자자든 누군가가 외부에서 변화를 강요할 가능성이 있다는 사실을 잘 알고 있었다. "우리는 그런 입장을 내부 직원들에게 이해시키는 데 몇 분기가 필요하고, 실제로 변화를 이루어내는 과정에 몇 분기가 더 소요될 거라고 예상했습니다." 브래드웨이는 이렇게 말한다. "우리에게 어느 정도 시간이 있기는 했지만, 그렇게 여유가 많은 것도 아니었습니다. 당장 변화가 절실해 보이지는 않지만, 그럼에도 불구하고 반드시 변화를 추진해야 하는 상황이었죠."

사업이 순조로운 시기에 변화를 추진하는 것은 정말 힘겨운 일이다. 그런 의미에서 암젠의 이야기는 변화의 필요성이 분명치 않은 상황에서 조직에 파괴적 혁신을 불러일으키는 방법에 대한 유용한 사례라고 할 수 있다. 암젠의 리더들은 조직 구성원들과 변화에 관한 대화를 시작하기 위해 "더 좋은 회사를 만들자"라는 간결한 구호를 도입했다. "우리는 암젠이 10년 뒤에도 계속 변화를 이어가는 데 도움을 줄 언어, 기술, 방법론 등을 창조하고 싶었습니다." 케빈의 팀에서 최고인사책임자로 일하다가 브래드웨이에게 최고혁신책임자(CTO)로 발탁된 브라이언 맥너미Brian McNamee는 이렇게 말한다. "혁신은 일련의 연속적인 사건을 의미합니다. 혁신이 성공적으로 이루어지면 장기적이고 지속적인 개선의 능력으로 바뀌는 겁니다. 우리의 목표는 그런 역량을 바탕으로 더 좋은 회사를 만드는 것이었습니다. 따라서 처음부터 너무 지엽적인 사안들을 혁신이라는 이름으로 포장하지 않도록 조심했습니다."

브래드웨이와 맥너미가 경영진을 위해 테이블 위에 올려놓은 질문은 간단했다. 어떻게 더 좋은 회사를 만들 것인가? 두 사람은 브레인스토밍 회의에서 반드시 지켜야 할 몇 가지 규칙을 세웠다. 그중 하나가 "중립을 유지하라"였다. 자신의 사업 분야를 옹호하고자 하는 충동을 억누르고 회사 전체의 이익을 우선적으로 고려하라는 말이다. 이는 원가 구조 같은 어려운 의사결정을 두고 부서끼리 다투는 일을 가급적 자제해야 한다는 의미이기도 했다. "내 역할은 그런 일들을 모두 논의의 대상으로 가져오는 것이었습니다." 맥너미의 말이다. "복도에서 사적으로 이야기를 나누기보다 모든 일을 테이블 위에 올려놓고 공식적인 논의를 거쳐 해결하는 풍조를 구축해야 했습니다."

브래드웨이는 유망한 젊은 인재들을 임원으로 승진시켜 팀을 구성하고(그는 이들을 '30인의 무리Gang of 30'라고 불렀다) 그들에게 회사의 일부 문제에 대한 해결책을 탐구하는 일을 맡겼다. 뿐만 아니라 그는 직급과 상관없이 모든 직원에게 거리낌 없이 아이디어를 제시해달라고 부탁하며 어떤 의견이라도(심지어 상식에 벗어나는 의견이라도) 기꺼이 경청하겠다는 신호를 보냈다. 최고혁신책임자 맥너미의 임무 중 하나는 리더십 팀 멤버들이 어떤 제안이든 사전에 차단하지 않도록 단속하는 일이었다. 브래드웨이는 이렇게 말했다.

우리는 직원들이 아이디어와 옵션을 스스럼없이 제시하고 그중에 최선의 선택지를 고르는 일도 리더들에게 편안히 맡겨버리도록 그들을 독려해야 했다. 우리는 정말 말이 안 되는 의견이라도 제안 목록에서 제외할 필요가 없다는 자신감을 모든 직원에게 심어주기 위해 노력했다. 혹시 그들이 과격한 아이디어를 제시하지 않는 이유가 조직의 최상층부에서 일하는 멍청이들이 실제로 그 아이디어를 채택해서 회사에 해를 끼칠지도 모른다는 우려 때문이라면, 전혀 걱정할 바가 없다는 것이었다. 아닌 게 아니라 중간 관리자 중에는 이런 식으로 말하는 사람이 꽤 있었다. "나는 윗사람들에게 이 선택지를 보여주고 싶지 않아. 만의 하나 받아들여질까 봐 두려워." 그들은 또 이렇게 생각할지 모른다. "내가 그 아이디어를 테이블 위에 올려두다니 얼마나 멍청한지 모르겠어." 따라서 우리는 직원들에게 모든 옵션을 기탄없이 제시해도 좋다는 자신감을 계속 심어주어야 했다. 요컨대 리더들은 어떤 아이디어라도 적극적으로 수용하는 모범적인 자세를 보임으로써, 너무 극단적이라고 생각되는 아이디어를 포함한 모든 선택지를 제공하라고 직원들을 끝없이 독려해야 한다. 그런 과정을 통해 회사가 직면한 문제를 공략할 수 있는 방법이 매우 다양하다는 인식을 심어줄 수 있는 것이다.

일례로 암젠의 신약 개발 프로세스는 오랫동안 연구개발 조직과 운영 조직이라는 두 부문으로 나뉘어 진행됐기 때문에, 부서 간 이기주의가 발생하면서 적지 않은 비효율성이 초래되곤 했다. 이 문제의 해결을 담당한 팀은 두 조직을 아예 통합해서 신약 개발을 가속화하고, 부서 간에 책임 떠넘기기를 줄이고, 업무나 자원의 중복을 제거하자고 제안했다. 두 부문의 리더들은 당연히 반기를 들었다. 그러나 이 사안은 테이블 위에 올려졌고, C-레벨 임원들의 면밀한 검토를 거쳐 두 조직을 합친다는 의사결정으로 이어졌다. 맥너미는 이렇게 말한다. "이는 과거의 전통을 크게 바꾼 획기적인 조치였습니다. 덕분에 우리가 이번에 추진 중인 혁신이 과거와 전혀 다를 것이라는 신호를 직원들에게 보낼 수 있었습니다. 다시 말해 더 나은 회사를 만드는 데 도움이 된다면 어떤 선택지라도 적극적으로 검토하겠다는 신호였죠."

또 브래드웨이와 맥너미는 직원들에게 아이디어를 얻고 검토하는 프로세스뿐만 아니라 500여 명에 달하는 상위 관리자들에게 혁신의 필요성을 이해시키기 위한 신중한 소통 계획을 수립해야 한다고 생각했다. 비즈니스 세계에서는 현상 유지를 선호하는 성향을 지닌 중간 관리자들을 '냉담한 중간층frozen middle'이라고 부른다. 이들은 부하직원이 새로운 아이디어를 제시하는 일을 막고 상부에서 내려온 지시 사항에 배타적으로 대응하는 경향이 있다. 이 냉담한 관리자들이 조직의 계층에서 점유하는 영역은 생각보다 훨씬 두텁다. 브래드웨이와 맥너미는 우선 C-레벨 바로 아래 직급의 리더들에게 변화의 필요성을 주지시키고, 그들이 부하직원들에게 전파하고, 그러면 직원들이 각자의 팀에게 변화의 필요성을 독려하는, 이른바 '스폰서십의 중심축sponsorship spine'이라는 연결고리를 구축했다.

"CEO가 앞장서서 변화를 부르짖을 수는 있겠죠. 하지만 프랑스에서 일하는 관리자나 플로리다 탬파에서 근무하는 팀 리더가 그 말을 듣게 되는 것은 그들의 직속상사가 회의실에 모인 직원들에게 자기가 CEO의 메시지를 어떻게 생각하는지 이야기하는 순간일 겁니다." 브래드웨이는 이렇게 말한다. "만일 그가 '우리는 최소한의 일만 하면 됩니다' 또는 '그 말이 무슨 뜻인지 잘 모르겠어요. 언젠가 알게 되겠지요'라고 말한다면 혁신의 에너지는 순식간에 사라지는 거죠. 반대로 직속상사가 회의실에서 CEO의 원고를 그대로 읽기보다 '우리가 할 일은 이것입니다'라며 본인의 진정한 목소리로 메시지를 전달한다면 그것이 곧 마법의 시작이 될 겁니다. 우리가 바로 그런 과정을 거쳤죠. 우리가 500명의 관리자들을 먼저 공략한 것은 그런 스토리텔링을 담당해줄 사람들이 필요했기 때문입니다."

암젠이 기울인 혁신의 노력은 결실을 맺었다. 그들은 더 많은 국가로 사업을 확장하는 가운데서도 19억 달러의 비용 절감, 고속성장, 그리고 높은 수익을 달성했다. 맥너미는 2019년에 암젠을 퇴사한 이후 다른 기업들의 혁신을 지원하기 위해 컨설팅 사업에 뛰어들었다.

그동안 그가 목격한 가장 보편적인 문제 중 하나는 경영진이 애초에 혁신의 필요성에 대한 합의에 도달하지 못한다는 것이었다. "내가 함께 일했던 어느 CEO는 이렇게 말했습니다. '이것이 우리가 지향하는 목표입니다. 모든 사람이 동의했지요.' 나는 그에게 이렇게 요청했습니다. '당신의 직속부하 여섯 명과 한 시간만 대화를 나누게 해주세요.' 나는 그 사람들을 만난 뒤에 CEO에게 이렇게 말했습니다. '당신의 부하직원들 사이에서는 현재의 상황을 바라보는 관점에 대한 합의가 이루어지지 않았을 뿐만 아니라, 목적지에 어떻게 도착할지에 대해서도 저마다 의견이 달랐습니다.'"

우리는 맥너미의 경험을 통해 리더들이 무엇을 바꿔야 하는지 논의를 시작하기에 앞서 현재 조직이 처한 상황에 대해 공감대를 형성하는 일이 선행되어야 한다는 사실을 재차 확인할 수 있다. "모두가 하던 업무를 멈추고 현 상황에 대한 객관적인 인식을 형성하는 데 집중해야 합니다. 방 안에 앉은 사람들의 정치적 입장에 휘둘려서는 안 됩니다." 맥너미는 이렇게 덧붙인다. "말하자면 그건 변화의 필요성을 주제로 일종의 제안서를 작성하는 일과 같습니다."

암젠이 혁신에 성공했다는 소식이 알려지면서 다른 CEO들도 이

따금 브래드웨이에게 조언을 구하곤 한다. "그럴 때면 나는 항상 같은 질문으로 그들과 대화를 시작합니다. 당신은 스스로 혁신을 주도하려 하는가, 아니면 다른 사람에게 위임할 것인가? CEO가 남에게 혁신을 떠넘기는 순간, 조직 전체가 그 사실을 알아차리고 직원들의 동기부여는 사라집니다. 반면 CEO가 이 과업에 모든 에너지를 쏟아부으면 직원들에게도 그의 의지가 금방 전달됩니다. 그들은 이렇게 생각하게 될 겁니다. 오, 이건 우리가 정말 해야 할 일인 것 같군."

베터클라우드

암젠과 뉴욕타임스는 혁신의 계획을 수립하고 실행에 옮길 토대가 상대적으로 넓고 든든했다. 두 기업은 조직의 존재 이유와 사명이 뚜렷했으며, 사업적 경쟁력도 이미 강력하게 구축되어 있었다. 그들의 숙제는 그런 확고한 기반 위에서 운영의 틀을 재구성하는 것이었다.

하지만 매일같이 한 사람의 고객이라도 더 유치해서 몇 달러라도 더 벌어들이려 갖은 애를 써야 하고, 이를 통해 회사를 키우고 투자자들의 지원을 얻어내기 위해 고군분투하고 있는 수천수만의 스타트업 창업자에게는 어떤 혁신의 교훈이 필요할까? 무엇보다 그들은 고객의 욕구를 더욱 적절히 충족할 수 있도록 조직의 전략을 지속적으로 조율하는 '피봇pivot'의 기술을 익혀야 할 것이다. 그러나 어느 날 갑자기 스타트업의 비즈니스 모델 전체에 물음표가 찍히는 상황이 됐다면? 그런 실존적인 위협에 직면한 회사는 조직에 닥친 도전 과제들을 세심히 검토하고, 설립자와 경영진에게 강력한 교훈을 제공할 수 있는 방향으로 변화의 시간표를 가속화하는 전면적인 혁신이 필요하다.

신생 기업의 CEO 중에는 회사가 맞닥뜨린 문제에 대해 논의하기를 피하고 고객이나 투자자들에게 늘 자신감에 넘치는 모습만 보여주려 애쓰는 사람이 많다. 그러나 베터클라우드의 CEO 데이비드 폴리티스는 스타트업의 CEO들이 본인이 경험했던 암울한 순간들을 동료들과 솔직하게 공유함으로써 서로를 통해 배워야 한다고 믿는다. "조직에 닥친 도전을 솔직히 털어놓는 일은 창업자들에게 매우 중요합니다. 행복한 순간만 찍어 인스타그램에 올리는 식으로 스스로를 포장해서는 안 됩니다. 창업자들에게 사업은 어떠냐고 물어보면 그들은 십중팔구 이렇게 대답할 겁니다. '엄청나게 잘 돌아가고 있어요.' 사람들은 대부분 그런 식으로 말하고 싶어 하겠지만, 나는 우리 회사에서 벌어지고 있는 일을 숨길 수 없었습니다."

"조직에 닥친 문제를 솔직히 털어놓는 일은 창업자들에게 매우 중요하다. 행복한 순간만 찍어 인스타그램에 올리는 식으로 스스로를 포장해서는 안 된다."

– 데이비드 폴리티스, 베터클라우드 설립자 겸 CEO

폴리티스는 2011년에 베터클라우드를 설립했다. 기업들이 조직의 정보 기반을 데이터센터로 아웃소싱하면서 너도나도 클라우드 환경으로 옮겨가는 추세 속에서, 클라우드 애플리케이션의 관리와 보안에 대한 요구도 커질 거라고 판단했기 때문이다. 이 회사는 요즘 지 스위트G-Suite라고 불리는 구글 앱스Google Apps 제품군 하나에만 조직의 역량을 집중하는 전략을 택했다. 2015년에 접어들면서 베터클라우드는 직원이 60명으로 늘고 고객도 1000여 곳에 달할 정도로 성장했다. 그런데 문제는 업계의 기술적 환경이 급속도로 변화하고 있다는 점이었다. 당시 그들이 처한 입장은 마치 한 가지 종류의 전기 콘센트만 설치되어 있는 사무용 건물의 세입자들이 전 세계 모든 곳에서 보편적으로 사용되는 다양한 형태의 플러그에 맞춰 콘센트를 바꿔달라고 요구하는 상황과 비슷했다. 이는 소프트웨어 패치software patch(프로그램을 업데이트하거나 특정 문제를 해결하기 위해 개발된 소프트웨어−옮긴이)를 적용하는 일처럼 단순한 방식으로 해결될 문제가 아니었다. 말하자면 건물의 벽을 모두 뜯어낸 후 배선을 전부 교체해야 하는 상황이었다. "고객들은 우리의 주력 제품에 대해 갑자기 이렇게 말하기 시작했어요. '좋기는 한데, 오직 한 분야밖에는 다루지 못하는 제품이군요.'" 폴리티스는 이렇게 회고했다. "우리는 이제 이 사업이 한계에 도달했으며, 뭔가 큰 변화를 이루지 않으면 안 된다는 사실을 깨달았습니다."

그는 기술부서의 리더들을 불러 모아 회사가 처한 상황을 솔직히 털어놓았다. 이 문제가 무엇을 의미하는지 잘 알고 있던 그들은 믿어지지 않는다는 듯이 말했다. "모든 것을 처음부터 다시 개발해야 한다는 뜻이군요." 폴리티스는 기술자 출신이 아니었기에 해답을 찾는 일을 전적으로 엔지니어 팀에 의존할 수밖에 없었다. "당신의 팀과 같은 배에 올라 그들을 신뢰하고 의지하는 일이 중요합니다." 그는 기술부서와 제품부서의 리더들을 모아 '타이거 팀tiger team'(특정한 목표를 달성하거나 문제를 해결하기 위해 전문가들로 구성한 팀-옮긴이)을 조직한 뒤 2015년 9월 전 직원에게 이렇게 발표했다. "오늘부터 우리 회사의 새 장章이 열릴 것입니다."

폴리티스는 베터클라우드에 닥친 도전을 직원들에게 솔직히 털어놓겠다는 입장을 분명히 했다. 그가 이런 접근방식을 취하게 된 데는 이전 회사에서 CEO로 있을 때의 경험이 결정적이었다. "나는 그 작은 회사를 운영할 때 어느 누구에게든 아무것도 말해서는 안 된다고 생각했습니다. 뭔가 문제가 있다는 사실이 알려지면 직원들이 회사를 그만둘 테니까요. 그리고 2008년 금융위기가 닥치면서 우리 역시 남들과 마찬가지로 큰 타격을 입고 하루아침에 전 직원의 절반을 내보내야 하는 상황에 처했습니다. 직원들은 충격을 받았죠. 그들은 '지금껏 우리가 회사에 돈을 벌어다 주고 있다고 생각했는데'라며 항의했습니다. 사실 그때까지 직원들에게 아무것도 알리지 않았던 겁니다. 그 점이 내게는 큰 스트레스로 작용했어요. 그때 누군가 내게 이렇게 조언했습니다. '모든 짐을 혼자 짊어지려 하지 마세요. 회사의 문제를 알고 있는 사람이 오직 당신뿐이라면, 어떻게 다른 직원들이 이를 개선하거나 해결하는 일을 도울 수 있을까요?' 나는 그 조언을 영원히 잊지 않을 겁니다. 이를 통해 좋은 일이든 나쁜 일이든 투명하게 공개하는 일의 가치를 깨달았으니까요."

베터클라우드의 직원 중에는 회사가 헤쳐 나가야 할 도전에 흥분하는 사람도 있었지만, 모든 것을 처음부터 다시 시작한다는 계획이 과연 가능한지 회의적인 사람도 적지 않았다. 폴리티스와 그의 경영진 입장에서는 향후 2년 동안 지속될 도전의 여정(그 계획이 성공할지에 대한 확신도 없이)에 동참할 사람이 누군지 분명히 드러나는 순간이었다. 폴리티스는 이렇게 말한다. "그때 배운 교훈 중 하나는 발전 단계가 다른 회사는 리스크의 형태도 다를 뿐 아니라 유인할 수 있는 직원들도 다르다는 것이었습니다. 회사에 계속 남아 일하려는 사람은 오직 우리에게 닥친 도전과 리스크를 흔쾌히 받아들인 직원들뿐이었어요. 많은 사람이 떠났습니다. 리스크를 수용할 준비가 된 사람들만이 조직에 남는 길을 택한 거죠."

폴리티스는 회사가 궁극적으로 달성할 목표가 아직 까마득하지만, 그런 가운데서도 조금씩 진척이 이루어지고 있다는 사실을 직원들에게 보여주기 위해 아주 작은 성과를 거둘 때마다 떠들썩하게 축하하곤 했다. "우리가 새로 구축할 기술은 네 가지 요소로 구성돼 있었습니다. 그 기술 요소를 하나씩 개발 완료할 때마다 전 직원에게 이메일을 보내 그 단계에 성공적으로 도달했음을 축하하고 그것이 왜 중요한지도 설명했습니다. 고객들에게도 우리가 어떤 일을 하고 있는지 알리고, 피드백을 받으면 전체 직원과 공유했습니다. 만일 직원들에게 진행 상황을 수시로 전달하지 않았다면 그들은 새로운 제품이 영원히 출시되지 않을지도 모른다고 걱정했을 겁니다. 영업 직원들은 개발자들이 작성 중인 프로그램을 보지 못해요. 엔지니어들조차 자신이 코딩 중인 프로그램만 들여다볼 수 있을 뿐입니다. 따라서 우리는 전체적으로 일이 어떻게 진행되고 있는지 직원들에게 끊임없이 알려주어야 했습니다.”

베터클라우드가 거둔 몇몇 작은 성과에도 불구하고 그들이 혁신을 위해 기울인 노력이 1년을 경과하면서 개발 일정이 늘어지자, 이사회는 경영진을 압박하기 시작했다. 폴리티스는 이렇게 회고했다.

그들은 말했다. “어떻게 된 건가요? 예상보다 훨씬 오래 걸리네요. 지금쯤이면 뭐라도 보여주어야 하지 않나요.” 다음 날 우리는 긴급하게 전 직원 회의를 소집했다. 그전까지는 한 번도 그런 식으로 회의를 진행해본 적이 없었다. 나는 모든 참석자 앞에서 이사회가 가장 핵심적인 문제를 지적했다고 말했다. 그들은 당연히 해야 할 질문을 한 것이고, 우리는 학술적인 연구를 하고 있는 게 아니라고. 이것은 비즈니스다, 따라서 새로운 플랫폼을 개발하는 일이나 기존의 플랫폼을 판매해서 매출을 신장시키는 일과 관련이 없는 작업들은 모두 중단해야 한다고 선언했다. “그 두 가지 경우에 해당하지 않는 프로젝트는 즉시 멈춰야 합니다.” 나는 이렇게 말했다. “더 이상 질문은 받지 않겠습니다. 나는 그밖에 다른 어떤 일도 하지 않을 것이고, 여러분도 그래야 합니다. 여러분이 더 이상 이곳에서 일하고 싶지 않다고 해도 우리는 상처받지 않을 겁니다. 우리는 지금 매우 힘겨운 상황에 놓여 있습니다.”

이런 혁신의 과정 속에서 폴리티스와 경영진의 귀에는 회사가 너무 자주 방향을 바꾸는 것 같다는 일부 직원의 불만 섞인 목소리가 들려왔다. 그는 다음 번 전 직원 회의에서 그 불만을 정면으로 다루었다. "나는 아마존이나 구글을 포함한 세계 최고 기술기업들의 사례를 이야기했습니다. 아마존은 책을 판매하는 회사로 사업을 시작했지만 오늘날 어떤 기업이 됐는지 생각해보라고 했지요. 그들은 미련한 황소처럼 머리를 아래로 숙이고 벽을 향해 거듭 돌진하지 않았습니다. 대신 벽을 피해 돌아간 겁니다. 나는 우리도 그들을 본받아야 한다고 말했어요. 우리는 회사의 앞날이 어떻게 펼쳐질지 몰랐습니다. 우리 회사가 아마존이나 구글은 아니지만, 왜 눈앞에 벽돌로 만든 벽이 뻔히 보이는데도 기존의 전략에 집착하면서 그 벽을 향해 돌진해야 할까요?"

하지만 적절한 기술을 개발하는 일은 문제의 절반만을 해결하는 데 불과했다. 베터클라우드에게는 고객들을 설득해서 이 기술을 도입하게 만드는 일이 남아 있었다. 2017년 1월, 폴리티스는 전 직원에게 오직 한 가지 목표를 제시했다. 향후 9개월 동안 100명의 고객에게 이 플랫폼을 판매한다는 것이었다. 물론 이 회사는 기존 고객들을 어느 정도 갖고 있었기 때문에 완전히 바닥부터 새로 영업을 시작해야 하는 상황은 아니었다. 그러나 새 제품은 고객 입장에서 훨씬 복잡한 문제에 관련된 새로운 솔루션이었다. 그들은 이 제품을 판매하는 일이 쉽지 않을 거라는 사실을 잘 알고 있었다. 폴리티스의 말을 들어보자.

참으로 힘겨운 시간이었다. 회사 전체가 지향하는 목표는 오직 하나였다. 두 개의 사무실에 비치된 스크린에는 0부터 100까지 숫자를 집계하는 프로그램이 화면에 떠 있었다. 우리는 2017년 초부터 영업을 시작했다. 그리고 1월 말에 한 명의 고객을 만들었다. 2월에는 세 명의 고객을 더 유치했다. 3월에는 여섯 명의 신규 고객이 생겼으며, 4월에도 비슷한 수의 고객과 계약을 맺었다. 고객 증가세에 좀처럼 속도가 붙지 않자 직원들은 초조해지기 시작했다. "어느 세월에 100명을 채우지?" 우리는 100명이라는 목표에 도달할 수 있을지 확신하지 못했다. 내게는 그 숫자가 영원히 닿을 수 없는 임계점처럼 느껴졌다. 그러나 우리 모두가 한 방향을 향해 헤엄치고 있었다는 사실만큼은 분명했다. 엔지니어 팀은 이렇게 물었다. "100명의 고객을 유치하기 위해서 우리가 무엇을 더 해야 할까요?" 그 뒤 15명의 고객이 더 생겼다. 그리고 갑자기 증가세에 탄력이 붙기 시작했다. 우리는 누적 고객 140명으로 9월 말을 마감하면서 마침내 목표를 달성했다. 그리고 '100'이라는 숫자가 새겨진 풍선으로 사무실을 장식하고 샴페인을 터뜨리며 성대한 축하 파티를 열었다. 그 9개월의 여정은 영원히 잊지 못할 것 같다. 처음에는 더딘 속도로 우왕좌왕했지만 결국에는 목표를 달성해낸 것이다. 놀라운 일이었다. 직원들은 모두 기쁨의 눈물을 흘렸다. 정말 엄청난 경험이었다.

베터클라우드의 혁신은 지속적인 성과를 내기 시작했으며, 결국 모든 측정 지표에서 급속한 성장으로 이어졌다. 한 명의 고객으로부터 창출되는 평균 매출은 2015년에 비해 열 배가 증가했고 평균 계약 기간도 1년에서 2년 6개월로 늘었다. 전체 매출액은 2015년의 1000만 달러에서 6500만 달러 이상으로 증가했다.

이 경험은 폴리티스에게 또 다른 영향을 미쳤다. 요즘 그는 채용 후보자나 잠재 투자자와 대화를 나눌 때 최상의 시나리오를 내밀며 그들을 설득하려 애쓰기보다 앞으로 회사에 닥칠 도전을 이야기하며 오히려 겁을 준다. "회사가 처한 상황을 과장되게 긍정적으로 포장하는 대신 좋은 점, 나쁜 점, 추한 점 등을 솔직하게 이야기해야 정말 회사에 문제가 닥쳤을 때 한 배를 타고 항해할 수 있는 사람이 누군지 알 수 있습니다. 아직도 이 팀에서 근무하고 있는 최고의 직원들은 면접 때 그런 이야기를 듣고 이렇게 대답한 사람들입니다. '충분히 해결이 가능한 문제네요. 시간은 조금 걸리겠지만, 한번 도전해보고 싶습니다.'"

✕●✕

베터클라우드나 뉴욕타임스 같은 회사에서는 변화의 당위성을 주장하기가 상대적으로 쉬울 수도 있다. 명백하고 현존하는 위기가 목전에 닥친 데다 매출과 이익의 추이가 지속 가능하지 않은 곡선을 그리고 있었기 때문이다. 따라서 현 상태에 매달리는 일이 더는 유효한 선택지가 될 수 없다는 것을 모두가 인지하고 있었다. 항해 중인 선박의 바로 코앞에 빙산이 나타난 상황에서는 승객들이 현재의 항로를 유지해야 한다고 고집하지 못한다. 반면 2012년 암젠이 그랬던 것처럼 회사에 닥친 위기가 아직 가시적이지 않고 덜 긴급한 상황이라면 혁신을 주도하기가 극히 어렵다. 고장 나지도 않은 물건을 왜 고쳐야 할까? 물론 상황이 급박할 때도 변화에 대한 저항은 거센 법이지만, 겉으로 보기에는 모든 일이 정상적으로 돌아가고 있다면 혁신은 거의 불가능할지도 모른다. 요컨대 조직에 변화를 일으키기에 최적의 시기는 모든 일이 잘 돌아갈 때임에도 불구하고, 리더십의 고질적인 문제 중의 하나는 긴급한 행동을 취할 만한 뚜렷한 사유가 아직 눈에 보이지 않는 상태에서는 변화를 주도하기가 훨씬 어렵다는 것이다.

모든 조직이 처한 상황은 저마다 다르겠지만, 우리가 이 장의 서두에서 강조한 혁신의 주제들, 특히 뉴욕타임스, 암젠, 베터클라우드의 사례를 통해 입증된 다음과 같은 주제들은 독자들에게 적절하면서도 유용한 교훈을 제공할 것이다. 이는 조직의 혁신을 꾀하는 리더들이 반드시 숙지해야 할 기본적인 교본일 것이다.

◦ 협력자나 지지자들을 규합해서 변화의 당위성을 확립한다.

◦ 전체 조직 구성원을 새로운 전략을 개발하는 일에 참여하게 하고,

그 과정에서 앞으로도 절대 바뀌지 않을 불변의 가치가 무엇인지 분명히 밝힌다.

- 투명한 방식으로 끊임없이 소통한다.
- 모든 최고경영진이 혁신의 계획을 구현하는 데 적극적으로 동참하게 만들고, 책임의 소재를 명확히 규정하고, 혁신의 진척 상황을 측정할 스코어보드를 개발한다.
- 미래가 불확실하다는 사실을 인정하는 한편 팀의 우수한 역량, 새로운 방향성의 가치, 전략을 유연하게 조율하는 능력 등에 대한 자신감을 불어넣어 확실성과 불확실성의 균형을 조절한다.

혁신은 일회성의 이벤트가 아니라 리더의 균형 감각을 요구하는 끊임없는 도전이다. 리더들은 기존의 회사 운영 방식을 개선하기 위해 노력하는 동시에 지속적인 파괴적 혁신의 필요성을 인식해야 한다. 다시 말해 조직의 장·단기적 전략에 관한 의사결정을 지속적으로 내려야 하는 상황에서도, 현재 수행 중인 모든 일의 당위성에 근본적인 질문을 던지는 마음가짐을 가져야 한다는 뜻이다. 그런 사고 방식은 조직의 업무를 마비로 이끄는 지름길처럼 생각될 수도 있겠지만, 끊임없이 자신을 재창조함으로써 조직을 혁신하는 것은 모든 리더가 추구할 가치가 있는 목표다. 그런 의미에서 본다면 리더 자신이든 리더가 이끄는 조직이든, 현상 유지라는 말 자체가 성립될 수 없다.

로지텍Logitech의 CEO 브래컨 대럴Bracken Darrell은 이렇게 말했다.

당신은 성공하고 발전할수록 더 많은 변화를 일으키고 조직 내에 긴박감의 정서를 창조하기 위해 노력해야 한다. 사람들은 일이 순조롭게 진행될 때 변화를 원치 않는 경향이 있다. 따라서 나는 주기적으로 조직을 혁신하는 데 더욱 집중하고, 부하직원들에 비해 상황을 더 회의적으로 진단하고, 내 일을 더 직관적으로 바라보기 위해 노력한다. 나는 그 점에 있어 매우 명확하고 솔직하다. 그런 의미에서 지난 2018년 내가 CEO 자리에 오른 지 5년이 지났을 때의 이야기를 들려주고 싶다.

어느 일요일 저녁, 나는 스스로에게 이렇게 물었다. "나는 향후 5년간 또 한 번 이 자리를 지키기에 적합한 사람인가?" 나는 CEO로 재임한 지난 5년 동안 많은 변화를 이루어냈으며 그 결과 주가도 500퍼센트 이상 올랐다. 적어도 서류상으로는 내가 다음 5년간 CEO로서 한 차례 더 일해도 무방한 인물처럼 보였다. 따라서 뭔가를 굳이 바꿀 필요가 없는데도 불구하고 변화를 시도하는 건 위험한 일일 수도 있었다. 그동안 나는 모든 인사 및 전략적 결정에 관여했다. 나의 단점 중 하나는 내가 너무 많은 것을 알고 있으며 우리가 수행 중이던 모든 과업에 내가 지나치게 한 몸처럼 얽혀 있었다는 것이다.

"나는 나 자신을 해고하기로 마음먹었고, 다음 날까지 결정을 미루기로 했다."

– 브래컨 대럴, 로지텍 사장 겸 CEO

그래서 나는 나 자신을 해고하기로 마음먹었다. 하지만 다음 날까지 결정을 미루기로 했다. 아내와 아이들을 포함한 누구에게도 그 이야기를 하지 않았다. 이제 내가 할 일은 끝났는지도 모른다는 생각이 들었다. 다음 날 아침 자리에서 일어났을 때 나는 무엇을 해야 할지 정확히 알고 있었다. 나는 자신을 재고용했지만, 내 주위에 신성불가침의 영역은 하나도 남겨두지 않았다. 이는 매우 흥미로운 과정이었다. 나는 그동안 내가 쌓아올린 모든 일을 하나씩 바꾸기 시작했다. 너무 과격하게 변화를 이끌 필요는 없다는 점은 다행스러운 일이었지만, 내게는 모든 것이 새롭게 느껴졌다. 나는 향후 5년이라는 근무 기간을 1년으로 줄이고 이를 1개월로 줄이고, 그리고 또다시 하루로 압축해야만 진정한 기회가 생긴다는 사실을 깨달았다. 만일 당신이 그어떤 선입견도 지니지 않은 상태로 매일매일 사무실에 들어올 경지에 이르렀다면, 당신은 이미 그곳에 도착한 것이다. 그리고 그것이 나의 궁극적인 목표다. 그런 상태에 도달하기가 불가능할지도 모르지만, 어쨌든 내 목표는 그렇다.

당신은 진정으로
들을 수 있는가?

위험 신호는 분명치 않으며, 나쁜 소식은 느리게 전달된다

케빈은 어린 시절부터 리더십의 롤모델들을 마음속에 품고 있었다. 그가 10대였을 때 가장 존경하는 사람은 바로 자신의 아버지였다. 해군 소속 비행 중대장으로서 400여 명의 조종사를 지휘했던 키스 셰어러Keith Sharer는 비행에 대한 열정과 리더로서의 자긍심에 불타는 인물이었다. 그는 아들에게 "네가 비행 중대의 리더가 되려면 스스로 최고의 조종사가 되어야 한다"는 말을 자주 들려주었다. 또 그는 "손을 항상 계기판 위에 올려두라"고 말했는데, 이는 언제나 준비된 자세를 갖추고 있어야 한다는 의미였다. 어린 케빈은 그런 아버지에게서 일찌감치 리더십을 배웠다. 그는 7학년 때 보이스카우트 리더로부터 60명의 단원을 이끌라는 임무를 부여받기도 했다. 아버지를 따라 군인이 된 그는 조종사가 되기 위해 항공 공학을 공부했지만, 시력이 약해 조종사의 꿈을 접어야 했다. 대신 잠수함을 만드는 일에 모든 에너지를 쏟기로 결심했다.

그곳에서 그는 또 한 명의 롤모델을 만났다. USS 레이라는 공격형 잠수함의 함장이었던 켄 스트람Ken Strahm이었다. 그 배가 버지니아주 노퍽에 정박 중일 때 두 사람은 종종 같은 차를 타고 출근했다. 케빈은 스트람의 리더십 스타일에 큰 영향을 받았다. 그는 당시의 군대 어디서나 볼 수 있었던 무작정 소리만 질러대는 리더들과는 달리 항상 온화하고, 자신감에 넘치고, 결단력이 강한 인물이었다. 스트람은 부하들에게 기대하는 바가 많았지만, 그만큼 그들을 신뢰하고 권한을 위임했다.

케빈은 해군에서 8년을 복무한 뒤에 서른여섯 살에 GE에 입사했다. 그는 빠른 승진을 거듭한 덕분에 지근거리에서 잭 웰치Jack Welch(GE를 세계 최고 기업으로 키워낸 전설적인 경영자-옮긴이)로부터 많은 것을 배울 수 있었다. 전략·사업개발 부서장을 직속상사로 두었던 케빈은 웰치에게 직접 업무를 브리핑할 기회가 많았다. 케빈이 기억하기에 웰치는 모든 면에서 영리한 사람이었다. 그는 사고의 과정이 빨랐고, 상황을 개념화하고 패턴을 인식하는 능력이 뛰어났으며, 문제의 핵심을 꿰뚫는 날카로운 질문을 던졌다. 또 웰치는 '특정한 성격'을 지닌 임원들을 선호했다. 즉 내성적이고 자기 확신이 부족한 사람은 그와 함께 일하는 것이 절대 즐거운 경험이 될 수 없었을 거라는 뜻이다.

삶에서 가장 중요한 시기에 잭 웰치의 영향을 받은 케빈은 자신만의 리더십 원칙을 갖게 되었다. 그동안 그가 만났거나 함께 일했던 성공적인 인물들은 늘 자신감에 넘쳤고, 본인이 기대하는 바를 명확한 언어로 표현할 줄 알았으며, 언제나 존재감이 확실했다. '명령과 통제' 스타일을 자연스럽게 흡수한 케빈은 주기적인 승진으로 보상을 받았다. "내게 입버릇처럼 맴돌던 주문 중 하나는 '지금 바쁩니다'라는 말이었죠. 나는 이 방에서 가장 똑똑한 사람이니 5분 안에 모든 일을 파악할 수 있고, 따라서 그보다 오랜 시간은 필요 없다는 식으로 사람들을 대했어요. 심지어 직원들이 하는 말을 중간에 끊고 시간을 아끼려면 요점만 간단히 설명하라고 다그치곤 했습니다. 그래야 정말 중요한 얘기를 나눌 수 있다고 생각했죠. 어쨌든 그들에게 지시할 권한이 있는 사람은 바로 나였습니다. 놀라운 일은 내가 그런 식으로도 그럭저럭 일을 해나갔다는 겁니다. 나는 무엇이든 금방 익혔어요. 그런 접근방식이 어느 정도 효과를 발휘하기도 했고요."

물론 언제까지나 효과가 있지는 않았다. GE에서 5년, MCI에서 3년을 근무한 뒤에 케빈은 1992년에 암젠의 사장 겸 최고운영책임자(COO)로 부임했다. 그는 2000년에 암젠의 CEO로 취임하면서 경영진을 새롭게 구성했다. 덕분에 회사의 매출과 수익은 급격한 상승 곡선을 그렸다. 암젠은 순조로운 성장을 거듭했으며, 잡지의 커버스토리를 장식한 일을 포함해 수많은 찬사의 대상이 되었다. 케빈은 그렇게 성공적인 경력을 쌓았지만 나중에 자신이 '에고 위험 지역'이라고 이름 붙인 곳에 제 발로 걸어 들어가고 있었다. 그는 예전만큼 주변의 일에 관심을 기울이지 않았고 뭔가를 세심하게 탐구하려 들지도 않았다. "말하자면 지적으로 게을러진 거죠." 케빈의 부하직원 한 명이 그에게 귀띔한 바에 따르면, 오후 3시 이후에는 그와 회의를 잡지 말라는 이야기가 직원들 사이에서 공공연히 오간다고 했다. 하루의 후반부로 갈수록 그가 남의 이야기를 집중해서 듣지 않기 때문이었다.

그러던 중 회사에 위기가 닥쳤다. 그가 암젠의 CEO가 된 지 7년이 되던 해, 암젠의 수익 중 3분의 1을 차지하던 에포젠이라는 빈혈 치료제(부작용이 거의 없다고 알려진 의약품)가 고용량 복용 환자에게 심장질환을 유발할 가능성이 높다는 연구 결과가 나온 것이다. 미국 식품의약국(FDA)은 모든 의료기관에 이 의약품의 처방 방식을 바꾸라는 명령을 내렸고, 암젠은 매출에 큰 타격을 입었다. 수익이 급격히 하락하자 케빈은 전 직원의 14퍼센트를 내보내는 회사 역사상 최대 규모의 감원 조치를 실시할 수밖에 없었다. 처음에 그는 극도의 분노를 표출하며 이런 낭패를 초래한 사람들에게 비난의 화살을 돌렸다. "그 상황을 받아들이기가 정말 어려웠습니다. 나는 조급했고 오만했어요. 직원들이 알아서 그 문제를 해결할 거라고 생각했습니다. 그러나 그런 위기 상황을 거치며 내가 남의 말을 잘 듣지 않는 형편없는 청자라는 사실을 깨닫게 됐습니다."

그런 깨달음의 순간은 예기치 않게 찾아왔다. 케빈은 샌타모니카의 어느 레스토랑에서 아내와 딸을 기다리고 있었다. 교통 체증으로 인해 늦어지는 아내를 기다리는 동안 그는 스스로를 돌아보는 시간을 가질 수 있었다. 자신이 에포젠의 위기 상황을 처리하는 데 서툴렀다는 불편한 진실을 더 이상 외면할 수 없었던 케빈은 종이 테이블보에 자신이 저지른 잘못을 적기 시작했다. 그가 스스로를 비판한 항목은 금방 열 개를 넘어섰다. 그중 일부는 이런 내용이었다. "나는 이 문제에 진정으로 귀를 기울이지 않았고, 해결 과정에 전적으로 참여하지도 않았다. 나는 규제기관과의 관계를 견고하게 유지하지 못했다. 또 직원들이 문제를 해결하리라고 믿으면서도 그들에게 분명한 지침을 내리거나 적절한 후속 조치를 마련하지 않았다.”

그날 이후로 케빈은 무엇보다 경청하는 사람이 되기로 마음먹었다. 그는 사람들을 만날 때 한 번에 여덟 가지 생각을 떠올리기보다 현재의 순간에 집중하려고 노력했다. 또 모든 대화를 일종의 거래나 교환처럼 여김으로써 남의 말을 가로채고 명령과 지시로 일관하던 방식에서 벗어나, 상대방에게 전후관계를 좀 더 자세히 설명해달라고 부탁했으며 기탄없는 제안을 요청했다. 그는 단지 이야기만 듣는 게 아니라 몸짓 언어도 면밀히 관찰함으로써 상대가 마음속에 품고 있는 생각까지 파악하려고 애썼다. 그가 보여준 변화의 모습은 극적이었다.

어느 날 그는 두 핵심 참모와 마주 앉아 자신에게 부족한 점들을 구체적으로 지적하며 책임을 떠안는 자세를 보임으로써 그들을 놀라게 했다. 케빈은 그때부터 주기적인 설문조사, 대화, 피드백 시스템 등을 통해 회사 안팎에 소통의 장을 활짝 열었다. 덕분에 그는 먼 곳에서 발생한 경고나 기회의 신호음을 훨씬 잘 포착할 수 있게 됐다. 케빈에 따르면 리더의 듣기 기술이란 특정한 마음가짐(즉 남의 말에 귀를 기울이는 순간에는 모든 대화 방해 요소를 차단하고 판단을 유보하고 오직 상대방을 이해하는 데 전념하는 자세)인 동시에 ‘적극적인 경청’의 가치를 모든 사람이 인식할 수 있도록 관련 시스템과 프로세스를 구축하겠다는 약속이었다.

"듣는다는 것은 단순히 테이블 건너편에 앉은 사람의 말에 귀 기울이는 일을 의미하지 않습니다." 케빈은 이렇게 말한다. "경청이란 당신이 속한 생태계 전체에 경각심을 갖는 행위를 뜻합니다. 신호음은 FDA 같은 규제기관이든 이사회든 언론이든, 또는 사내에 떠돌아다니는 이야기든 여러 출처에서 다양한 강도로 발생합니다. 당신은 이 모든 신호를 적절히 인지하고 불필요한 소음이 제거된 순수한 신호음만을 추출할 수 있나요? 당신에게 도달하는 이야기들은 듣기 좋은 말로 포장되어 전달되기 때문에 그건 쉬운 일이 아닙니다. 부하직원들이 부정적인 신호나 새로 발생한 문제가 당신 귀에 들어가지 않도록 막기 때문입니다."

✖◆✖

경영대학원에도 남의 말을 귀담아듣는 법을 알려주는 과정 같은 것은 없지만, 이는 리더들이 반드시 갈고닦아야 할 기술이다. 주위의 수많은 세력이 당신을 위험한 '정보의 거품' 속으로 몰아넣기 때문이다. 그 거품 속에 고립된 당신은 조직 내에서 일어나는 모든 일을 속속들이 파악하고 있다는 그릇된 자신감을 갖게 된다. 오래될수록 좋아지는 문제는 없다. 아무런 조치를 취하지 않고 시간만 보내다가는 문제가 걷잡을 수 없이 커져 파국적인 결과를 맞게 될 수 있다. 가장 대표적인 사례가 1986년 우주왕복선 챌린저호의 폭발 사고였다. 사고 원인은 부스터 로켓의 이음매를 밀봉해서 가스 누출을 차단하는 오링O-ring이라는 부품이 추운 날씨로 인해 작동하지 않은 데 있었다. 사고 조사에 나선 위원회는 고장을 일으킨 부스터 로켓을 설계하고 제작한 미국 항공우주국(NASA)의 리더들이 '관리의 고립' 상태에 놓여 있었다고 거세게 비판했다. 일반 기업들 역시 이런 함정에 반복적으로 빠진다(보잉737 맥스 기종의 안전 결함 문제도 그런 사례다). 다시 말해 명령 계통의 특정 위치를 점유하는 누군가가 상사에게 보고를 회피함으로써 조직 전체에 큰 문제를 일으키는 것이다. 그들이 그렇게 행동하는 이유는 처벌을 두려워하거나, 자신의 의견이 무시당할 거라고 생각하거나, 또는 별거 아닌 일을 상사에게 보고해서 긁어 부스럼을 만들지 말라고 동료들이 압력을 넣기 때문이다.

문제는 이로 인해 조직의 고위 임원들, 특히 CEO에게 매우 역설적인 상황이 발생한다는 것이다. CEO는 누구보다 다양한 소통 채널에 접근할 수 있는 사람이다. 하지만 CEO에게 흘러들어가는 정보는 진위가 의심스러운 데다 수정과 절충의 과정을 거쳐 전달되는 경우가 많다. 경고의 신호는 수위가 낮춰진 채로 보고되고, 중요한 사실관계는 생략되며, 데이터는 긍정적인 형태로 가공된다. 리더가 뭔가를 물으면 부하직원들은 지체 없이 엄지를 치켜세우면서 이렇게 대답한다. "모든 일이 잘 돌아가고 있습니다!" 자신이 전체 그림을 파악하지 못하는 것 같다고 의심하는 리더들은 한밤중에 잠에서 깨어 천장을 바라보며 스스로 묻는다. "어떻게 하면 내가 꼭 알아야 할 일을 알아낼 수 있을까?" 리더들이 이 질문에 답하기 위해서는 생각보다 훨씬 많은 노력이 필요하다. 조직 내부에는 항상 수많은 문제가 발생하기 마련이다. 어떤 문제는 적절한 조치 없이 방치되었을 때 회사 전체를 벼랑 끝으로 내몰 수도 있다.

하지만 근거 없는 자신감과 낡아빠진 리더십의 관념에 사로잡힌 리더들은 정보의 거품 속으로 스스로 걸어 들어가는 길을 택한다. 케빈이 CEO 경력 초기에 그랬듯이, 자기가 누구보다도 우월하다고 믿는 리더들은 이미 답을 알고 있다는 자신감으로 가득하기 때문에 남의 말을 차분히 경청하지 않는다. 아직도 수많은 고위 임원은 '이끌던지, 따르던지, 아니면 길을 비켜라'라는 구태의연한 태도에서 벗어나지 못하고 있다. 물론 이런 리더십 방식은 단기적으로 어느 정도 효과를 발휘하기도 한다. "우리에게는 이런 문제가 있습니다. 이를 해결하기 위해 가장 좋은 접근방식은 뭐라고 생각합니까?"라고 묻기보다 "이 일을 당장 실행하세요!"라고 지시하는 편이 훨씬 더 시간을 절약한다는 사실은 두말할 나위도 없다. 그들은 엄청난 보수를 받는 임원의 직무 중에는 모든 문제를 알아서 처리함으로써 CEO를 성가시지 않게 하는 일도 포함된다고 생각한다.

토머스 그리타Thomas Gryta와 테드 맨Ted Mann이 함께 쓴《불이 꺼지다Lights Out: Pride, Delusion, and the Fall of General Electric》라는 책에는 GE의 전 CEO 제프 이멜트Jeff Immelt가 지나치게 공격적인 성장 목표의 달성 가능성에 의문을 제기하는 부하직원을 이렇게 몰아붙이는 대목이 나온다. "당신 부서의 직원들은 회사의 발전을 절실히 원하지 않는 모양이군요." 대화가 이런 지경에까지 이르렀다면 직원들은 더 이상 CEO와 소통하기를 포기할 것이다. 그 결과 소위 '성공의 연극'이라는 현상이 벌어진다. 대화는 늘 발전적이고 긍정적인 주제로만 이루어지고, 회사가 직면한 진정한 문제에 대한 논의는 실종되고 만다. 요컨대 리더가 부하직원들에게 이런 신호(물론 그런 접근방식을 택한 사람이 이멜트 한 사람은 아니지만)를 보냄으로써 소통의 창구가 영구히 차단된다면, 아무도 상사에게 문제를 제기하거나 나쁜 소식을 보고하지 않을 것이다.

"실적이 부진한 기업들의 가장 큰 특징은 CEO가 주위에 벽을 치고 어떤 회의주의자도 접근하지 못하도록 막는다는 겁니다." 1990년대 렌스Lens라는 주주 운동주의shareholder activism(주주들이 기업의 의사결정에 적극적으로 영향력을 행사해 이익을 추구하는 행위-옮긴이) 펀드의 대표였던 넬 미노Nell Minow는 이렇게 말한다. 이 펀드는 시어스, 리더스다이제스트, 웨이스트매니지먼트 등을 포함한 20여 개의 회사에 투자를 집행했으며, 이들 기업의 이사회와 임원들에게 경영 합리화 조치를 촉구하기 위해 공공 캠페인을 벌이기도 했다. "이들 회사의 CEO들은 자신에게 반기를 들거나 문제를 제기하는 사람을 차단하기 위해 하나같이 수많은 단계로 이루어진 소통 프로세스를 겹겹이 구축해두었습니다." 미노는 이렇게 덧붙인다. "우리와 함께 일했던 어느 회사의 직원들은 하나같이 이런 말을 했습니다. 상사의 의견에 반대하면 곧바로 해고된다는 겁니다."

고위 임원들은 특권 의식과 고상한 분위기에 젖은 삶을 살아가며 스스로 판단력을 마비시키고 회사를 위험한 상태로 몰아간다. 조직의 리더 중에는 자신이 사무실 문을 활짝 열어두고 누구와도 기꺼이 소통하는 오픈도어 정책을 실시한다고 주장하는 사람이 많다. 하지만 그 말이 진심인 사람은 거의 없다. 문은 열려 있을지 모르지만, 직원들이 마음대로 들어가지는 못한다. 상사의 방을 찾는 직원들은 대부분 특별한 속셈을 품고 문을 두드린다. 사람마다 정도의 차이는 있겠지만, 그들이 상사를 만나는 의도는 자신의 야심을 충족하기 위해서든(아마도 동료들을 희생시키면서) 더 많은 자원을 요청하기 위해서든 주로 개인적 목적을 달성하는 데 있다. 고위 임원이 직원들의 말을 경청하지 않고, 조직 내의 긍정적·부정적 신호를 알아채는 데 어려움을 겪는 것은 이런 모든 요인이 작용하기 때문이다. 당신이 정보의 거품에서 벗어나기 위해서는 체계적인 전략이 필요하다. 물론 그 첫걸음은 그런 거품의 존재를 인정하는 것이다.

✖◆✖

HBO에서 방영했던 드라마 〈소프라노스〉에는 뉴저지 교외에 살고 있는 어느 폭력 조직의 우두머리와 그의 가족의 이야기가 나온다.

이 드라마의 다섯 번째 시즌에서 마피아 보스이자 주인공인 토니 소프라노는 아내 카멜라와 말싸움을 벌인다. 최근 그들은 별거에 들어갔는데 카멜라에게 날아온 청구서 때문이었다. 특히 그들의 저택 영화 감상실에 새로 설치한 값비싼 음향 시스템이 토니를 화나게 했다. 토니는 그 물건들을 사들인 이유가 그녀의 '영화 전문가 친구' 때문이라고 빈정댄다. 카멜라는 이렇게 대꾸한다. "적어도 나는 친구라도 있죠." 그러자 토니가 되묻는다. "그게 무슨 뜻이요?" 그녀는 토니와 어울리는 사람들은 친구가 아니라 아첨꾼에 불과하다고 주장한다. 토니가 그들에게 월급을 주지 않느냐는 것이다. "당신은 보스예요. 모두가 당신을 무서워하죠." 그녀는 이렇게 말한다. 그리고 그들의 임무 중 하나는 "당신의 바보 같은 농담에 배를 잡고 웃어주는 것"이라고 덧붙인다.

토니는 자리를 박차고 일어서지만, 이미 그의 마음속에는 의심의 씨앗이 뿌려진 상태다. 그는 부하들과 포커 게임을 하다 카멜라의 말이 맞는지 확인하기 위해 일부러 재미없는 농담을 던진다. "회계사와 대형 제트 여객기를 교배하면 뭐가 나올까?" 그는 부하들에게 이렇게 묻고 스스로 답한다. "보링Boring('지루하다'는 뜻. 여객기 이름 '보잉'을 살짝 바꾼 말장난이다–옮긴이) 747." 그러자 부하들이 배를 움켜쥐고 웃고, 그런 모습에 토니는 깜짝 놀란다. 카메라는 테이블 주위에 앉은 사람들의 행동을 가까이에서 비추며 슬로모션으로 보여준다. 그들은 하나같이 배꼽이 빠져라 웃어대며 마치 코미디 천재라도 발견했다는 듯이 토니를 손가락으로 가리킨다. 카메라는 이어 토니의 얼굴을 비춘다. 그는 카멜라가 옳았다는 사실을 인정하듯 천천히 눈을 끔벅거린다.

"당신의 농담에 사람들이 얼마나 많이 웃어주는지 관찰해보세요." 넬 미노는 기관투자가서비스Institutional Investor Services의 대표라는 중책을 처음으로 맡았을 때 오랜 비즈니스 파트너인 밥 몽크스Bob Monks로부터 이 리더십의 원칙을 들었다고 한다. "나는 그 말을 일주일에 서너 번씩 생각합니다. 내가 농담을 하면 주위 사람들이 웃어주어서가 아닙니다. 내가 높은 자리로 올라갈수록 직원들이 나에게 솔직해지도록 만드는 일이 점점 어려워진다는 것을 항상 되새기기 위해서입니다."

그렇다면 리더들은 정보의 거품에서 어떻게 벗어날 수 있을까? 다음에 소개하는 이야기들은 직원들이 있는 그대로의 진실을 상사에게 전달하도록 조직의 기풍을 쇄신한 리더들의 사례.

● 브래컨 대럴은 2012년 컴퓨터 주변기기 제조기업 로지텍에 합류했다. 당시 그가 느낀 기업문화의 문제점은 직원들이 너무 얌전히 행동하며 회사가 실적 부진에 시달리는 상황을 소극적으로 지켜보기만 한다는 것이었다. 그는 CEO로 취임한 초기에 몇몇 핵심 가치를 발표하는 자리에서 그중에서도 '거리낌 없이 이야기하라'

는 항목을 가장 중요한 가치로 강조했다. "로지텍이 지난 4년 동안 그랬듯이 회사가 어려운 시기를 맞으면 많은 사람이 문제에 대해 이야기합니다. 하지만 아무도 그 말을 귀담아듣지 않는다면 나중에는 모두가 입을 닫아버리죠. 결국 당신은 조직에 무슨 문제가 있는지 모르게 됩니다. 가장 위험한 상황은 당신이 사무실에 가만히 앉아 있고, 아무도 당신에게 무엇이 잘못되었는지 알려주지 않는 겁니다. 따라서 나는 부임하자마자 직원들에게 기탄없이 말하고 빨리 움직이라고 주문했습니다. 나는 얼간이 같은 사람들로 주위를 채우고 싶지 않습니다. 누구나 스스럼없이 다른 사람의 잘못을 지적할 수 있는 문화를 구축하고자 했습니다."

● 언스트앤영의 켈리 그리어는 조직 구성원의 의무 중 하나가 리더가 알아야 할 것을 분명히 전달하는 일이라고 직원들에게 선언했다. "만일 누구나 리더에게 스스럼없이 문제를 제기할 수 있는 문화나 환경을 창조하지 못한다면, 사각지대가 널려 있는 그곳은 당신에게 매우 해롭고 위험한 장소가 될 겁니다." 그녀는 다섯 차례의 리더 역할을 거치는 동안 이사회 멤버들과 모든 조직 구성원에게 이렇게 말했다. "여러분에게는 내가 사각지대에 놓이지 않도록 적극적으로 도와야 할 의무가 있습니다. 항상 솔직하게 진실을 말해야 한다는 겁니다. 우리에게는 높은 수준의 신뢰가 필요합니다."

○ 소프트웨어 기업 시트릭스Citrix의 전 CEO 마크 템플턴Mark Templeton은 직원들이 직위나 직함을 이용해 타인을 위협하지 못하도록 조직의 틀을 구축했다. "복잡성을 관리하는 데 필요한 위계질서를 타인을 존중하는 일과 혼동해서는 안 됩니다. 많은 조직이 위계질서와 존중을 혼동함으로써 잘못된 길을 걷습니다. 위계가 낮다고 해서 그 사람에 대한 존중의 수준이 낮아도 되는 것은 아닙니다. 위계가 높은 사람이 더 존중을 받아야 하는 것도 아닙니다. 요컨대 조직의 위계질서란 복잡성을 관리하기 위해 존재하는 일종의 필요악일 뿐입니다. 그것은 모든 개인에게 당연히 주어져야 할 인간적인 존중과 아무런 관련이 없습니다. 당신은 모든 직원에게 이 말을 끝없이 되풀이해야 합니다. 그러면 어떤 직급의 직원이든 당신에게 이메일을 보내거나 수시로 당신을 찾아와 이야기를 들려줄 겁니다. 훌륭한 아이디어, 심각한 문제, 또는 당신에게 조언이나 그밖에 무언가를 요청하는 내용일 수도 있겠죠."

○ 미국 상무부 장관을 지낸 페니 프리츠커Penny Pritzker는 채용을 앞둔 후보자와 처음 만났을 때 상사에게 문제를 솔직히 털어놓지 않는 행위의 위험성을 직설적으로 경고한다. "우리가 어떤 사람을 채용

할 단계에 가까워지면, 나는 그가 어떤 일을 했을 때 해고를 각오해야 하는지 말해줍니다. 해고당하고 싶은 사람은 이렇게 하면 됩니다. 첫째, 거짓말하고 남을 속이고 무언가를 훔치는 거죠. 둘째, 문제가 생겼는데도 이를 감추는 겁니다. 조직에서 문제는 항상 일어나기 마련입니다. 내 임무는 직원들이 그 문제를 해결할 수 있도록 돕는 것이고요. 내가 경험한 바에 따르면 조직에 가장 큰 해를 끼친 사람들은 어떤 이야기든 상사에게 100퍼센트 털어놓지 않고 부분적으로 사실을 은폐하는 경향이 있습니다. 상사에게 전체 그림을 보여주지 않는 거죠. 이는 매우 우려되는 행동입니다. 그들은 당신이 그 이야기를 듣고 싶어 하지 않을 거라고 생각하기 때문에 말하지 않는 겁니다. 당신은 아무리 나쁜 소식이라도 기탄없이 보고해도 좋다는 허가증을 직원들에게 발급해야 합니다."

○ 아난드 찬드라세커Anand Chandrasekher는 인공지능 기반의 무선통신 기업 아이라테크놀로지스Aira Technologies의 CEO이다. 그는 자신의 팀에게 한 가지 간단한 규칙을 지켜달라고 요청했다. 나쁜 소식이 있을 때는 문자로 알려주고 좋은 소식은 직접 와서 전해달라는 것이다. "어떤 조직에서든 가장 어려운 일은 직원들이 진실을 털어놓도록 만드는 겁니다. 좋은 소식만 말하거나 듣고 싶어 하는 것은 인간의 본능입니다. 당신의 팀과 조직 전체가 나쁜 소식을 전하거나 듣는 일을 두려워하지 않는 문화를 만들어야 합니다. 그래야 조직 내에 조기경보 시스템을 구축할 수 있습니다. 나쁜 소식

은 빨리 접할수록 더 신속히 대응할 수 있습니다. 상황에 긴급히 대응해야 할 때는 한시가 소중한 법이니까요."

○ 브리티시슈거British Sugar의 대표이사 폴 켄워드Paul Kenward는 소규모 그룹의 직원들과 모임을 가질 때마다 이렇게 묻는다. "여러분이 지난 5년간 우리 회사에서 성취한 가장 자랑스러운 업적은 무엇입니까?" 그들이 돌아가면서 말한 뒤에 켄워드는 다시 묻는다. "이제 여러분이 시간을 건너뛰어 5년 후에도 여전히 이곳에서 함께 일한다고 가정해봅시다. 그때 여러분은 지금의 우리에 대해 무엇을 가장 자랑스러워할까요? 무엇을 성취한 일을 진정으로 가치 있게 여기고, 어떤 일을 바꾼 것을 잘했다고 생각할까요?" 이런 식의 질문은 직원들에게 현재 느끼고 있는 문제들을 허심탄회하게 털어놓을 수 있는 심리적 공간을 제공한다. "단순하지만 영리한 접근방식입니다." 켄워드는 이렇게 말한다. "무엇보다 스스로 자랑스럽게 여기는 업적이 무엇인지 직원들에게 물어야 합니다. 그동안 자기가 발전했다는 것을 스스로 느낄 필요가 있으니까요. 뭔가를 바꾸는 일은 매우 어렵습니다. 자신에게 변화의 능력이 충분하다는 것을 깨닫지 못하는 사람은 시작하기도 전에 포기할지 모릅니다. 사실 대부분의 조직은 그동안 많은 변화를 달성했습니다. 직원들에게 바로 그 점을 깨닫게 해주어야 합니다." 이 방법의 또 다른 장점은 조직의 개선에 필수적이고 중요한 아이디어에 대화의 초점을 맞춤으로써 전 직원들과의 질의응답 시간에 지엽적이고

사소한 문제에 대한 불만이 터져 나오는 일을 방지할 수 있다는 것이다.

직원들에게 기탄없이 의견을 말해달라고 주문하는 것만으로는 충분하지 않다. 리더들은 시간과 에너지를 투자해서 수시로 복도를 걸어 다니고, 생산 공장이나 매장을 둘러보고, 정기적인 타운홀 미팅을 열어 직원들과 대화를 나누고(참석자들에게 익명으로 질문할 기회를 제공하면 가장 이상적이다), 여러 부서에서 일하는 다양한 직급의 직원들과 소규모로 만나는 자리를 마련해야 한다. 물론 경영자 입장에서는 그 모두가 시간을 소모하는 활동일 수 있지만, 이는 리더의 핵심적인 임무 중 하나다. 리더 자신이 드높은 상아탑에 속한 사람이라는 사고방식에서 벗어나지 못하면 회사 내부에서 실제로 벌어지고 있는 일과 그 사안에 대한 리더의 인식 사이에 커다란 괴리가 존재할 것이다. 그 결과 성장은 둔화되고 우수한 인재들은 조직을 떠날 것이다.

공익기업 아메리칸워터American Water의 전 CEO 수전 스토리Susan Story는 사무실을 벗어나 직원들을 만나야 할 필요성을 수시로 상기시켜주는 유년시절의 기억을 간직하고 있다. "열두 살 때였을 거예요. 배관 기술자였던 아버지는 규모가 꽤 큰 건설 프로젝트에서 일하고 있었어요. 하루는 아버지가 퇴근해서 머리를 흔들며 말했어요. 비용을 엄청나게 줄일 수 있는 아이디어가 있는데 상사가 도무지 말을 들어주지 않는다는 거였어요. 나는 이렇게 생각했죠. '그런 멍청한 상사가 다 있을까.' 그 기억은 내 머릿속에 오랫동안 머물러 있었습니다. 조직에 어떤 일이 벌어지고 있는지 정말 알고 싶다면 당신은 자기 방을 뛰쳐나가 일선 직원들의 말에 귀를 기울여야 합니다."

여러 그룹의 직원들과 소규모로 만나는 자리는 그들에게 회사의 전략을 상기시키고 허심탄회한 질의응답을 통해 직원들의 오해를 불식시킬 중요한 기회가 될 수 있다. 동시에 리더는 참석자들이 마음속에 품고 있는 의문을 솔직히 털어놓도록 적절한 질문을 던짐으로써 이 모임을 조직의 문제를 탐지하기 위한 조기경보 시스템으로 활용해야 한다.

A+E네트웍스의 CEO 애비 레이븐Abbe Raven은 다양한 직급의 직원들과 종종 소규모 모임을 갖고 아침식사나 점심식사 혹은 커피 등을 함께하며 대화를 한다. "나는 항상 이런 질문으로 모임을 시작합니다. '만일 내가 외부에서 부임한 CEO라고 가정해봅시다. 여러분은 그 CEO를 처음 만났을 때 어떤 이야기를 하고 싶은가요? 우리가 어떤 것을 바꿔야 하고, 어떤 것을 바꾸지 말아야 할까요?'" 또 그녀는 복도를 지나가다 신입 직원을 만나면 이렇게 묻는다. "당신이 이전 직장에서는 경험하지 못했지만 이곳에서 괜찮게 느껴지는 업무가 있나요? 반대로 예전 회사에서 하던 일 중에 이곳에도 도입되면 좋겠다고 생각되는 일은 없을까요?"

리더들은 소규모 그룹을 만나건 일대일로 만나건, 직원들의 말에 주의 깊게 귀를 기울임으로써 상대로부터 솔직한 말을 이끌어낼 수 있는 경청의 기술을 갈고닦을 필요가 있다. 머릿속이 늘 열 가지쯤 되는 일로 가득한 고위 임원들이 대화의 순간에 철저히 집중하기는 쉽지 않겠지만, 이 규칙은 반드시 지켜져야 한다. 이는 또한 당신이 이해하기 위해 들어야 하며, 그 순간에는 어떤 판단도 유보해야 한다는 뜻이기도 하다.

"상대의 말을 들을 때는 절대 다른 의도를 가져서는 안 됩니다." 제트블루항공JetBlue Airways의 회장 겸 투자회사 피터슨파트너스Peterson Partners의 설립자 조엘 피터슨Joel Peterson은 이렇게 말한다. "마음속에 다른 의도를 품고 남의 말을 듣는 사람은, 상대의 말을 이해하려고 노력하기보다 자신의 대답을 궁리하는 데 몰두하게 됩니다. 때로 우리는 혼자 집에 조용히 머물러 있는 시간을 가질 필요가 있습니다. 당신이 누군가를 만났을 때 과시하고 싶거나 상대에게 내 말을 들려주고 싶은 욕구가 솟구친다면, 바로 그런 욕구가 대화의 과정을 지배하게 됩니다. 홀로 집에 머물듯이 대화를 나누어야 상대방의 세계로 들어갈 수 있습니다. 그것이 바로 신뢰를 쌓는 길입니다."

그런 의미에서 리더들이 기억하면 유용할 약어가 WAIT("왜 내가 지금 말하고 있는가Why Am I Talking?)이다." 리더가 말을 하기 시작하는 순간 대화를 지배하게 되고, 상대방은 입을 다문다.

남의 말을 경청하는 사람이 된다는 것은 포스트잇을 빼곡하게 채운 '오늘의 할 일' 중 하나가 아니다. 기나긴 리더의 임무 목록에 추가되어야 할 또 다른 과업도 아니다. 이는 사고방식의 전면적인 변화를 의미한다. 이 변화를 달성하기 위해서는 직원들에게 주기적으로 피드백을 요청하는 기술을 익혀야 한다.

케빈이 암젠에서 개발한 '청취 생태계'는 우리에게 좋은 사례가 되어준다. 그는 경쟁사의 동향을 포함한 관련 업계의 소식을 자신의 팀으로부터 분기별로 보고받고 회사가 직면한 도전 과제들을 파악한 뒤에 암젠이 그 문제를 어떤 식으로 해결할 수 있는지 직원들에게 구체적으로 질문했다. 그는 또 새로운 정보를 전달해줄 사내 소식통의 네트워크를 한층 확장했는데, 그중 하나가 주력 규제기관 FDA와의 관계를 담당하는 부서의 책임자였다.

케빈은 다음과 같은 질문 목록을 개발해서 회의에 참석한 사람들에게 물었다. "우리는 FDA에게 한 약속을 지키고 있습니까? FDA 내에 우리 회사에 대해 부정적인 의견을 가진 사람은 없나요? FDA의 다음번 주요 이벤트는 뭡니까? 이 건에 대해 나에게 특별히 할 말은 없습니까?" 또 그는 규정 준수 업무를 총괄하는 부사장과 정기적인 회의를 열어 암젠의 영업 직원들이 관련 규정을 잘 지키고 있는지를 수시로 확인했다. 그들은 의사를 만날 때 암젠의 의약품에 어떤 의학적 효과가 있는지만 설명하고, 그 제품이 의사에게 제공하는 수익에 관해서는 절대 언급해선 안 된다는 규정을 준수하고 있는가? 또 케빈은 공장의 생산 담당 관리자들과도 좋은 관계를 유지하고 그들을 자주 방문했다. 외근을 나가는 영업 직원의 자동차에 이따금 동승해서 고객 방문 사이사이에 그들에게 어떤 문제나 관심사가 있는지 묻기도 했다.

위험의 신호에 귀를 기울이는 일도 물론 중요하지만, 기회의 신호음을 포착하는 것도 매우 중요하다. 암젠이 에포젠 위기에서 벗어나 안정적인 성장 궤도로 복귀한 뒤에도 이 회사의 주가는 꿈쩍하지 않았다. 그 이유 중 하나는 당시 바이오 제약 산업 분야가 투자자들의 관심 영역에서 벗어난 상태였기 때문이다. 암젠의 고위 경영진과 대주주들은 회사의 주식 가치가 심각하게 저평가됐다는 사실을 알고 있었다. 그러던 어느 날 이 회사의 대주주 한 사람이 케빈과 오랜 시간에 걸쳐 대화를 나누던 도중 유독 바이오 제약회사들의 부채 비율이 극히 낮은 이유가 무엇인지 물었다. 제약회사들은 주력 의약품의 특허가 만료되거나 최근 암젠의 사례와 비슷한 위기가 닥칠 때를 대비해 항상 '요새처럼 튼튼한 대차대조표'를 유지해야 한다는 것이 업계의 통설이었다.

그 주주의 질문에 자극을 받은 케빈은 즉석에서 손익을 계산하기 시작했다. 그는 이런 저금리의 시대에 금융기관에서 돈을 빌려 자사주를 매입한다면 상당량의 주식을 사들이고도 남은 돈으로 만일의 경우에 대비할 현금을 충분히 확보할 수 있겠다는 결론에 도달했다. 그의 팀은 이 아이디어에 난색을 표했지만, 케빈은 자신의 생각을 관철해서 주당 60달러에 자사 주식 상당량을 사들였다. 그 뒤로 암젠의 주가는 네 배 이상 올랐다. 그러자 다른 제약회사들도 비슷한 행보를 밟기 시작했다. 이 모든 일의 시작은 어느 주주가 던진 짧은 질문이었던 것이다. "그 신호음은 예상치 못한 곳에서 들려왔습니다. 나는 열린 마음으로 그 신호를 받아들였고, 다소의 위험을 감수하고 실행에 옮겼을 뿐입니다."(우리가 이 사례를 제시한 것은 자사주 매입 전략이 모든 경우에 만병통치약임을 주장하기 위해서가 아니다. 일시적인 주가의 등락에 대응할 목적으로 자사주를 매입했다간 자칫 현금 보유고만 고갈시킬 수도 있다. 하지만 암젠의 주가가 폭등했다는 사실은 자사주 매입이 적시에 이루어진 적절한 조치였음을 입증한다.)

케빈이 '청취 생태계'를 조성하는 과정에서 최고인재책임자 브라이언 맥너미에게 또 다른 임무를 부여했다. 그의 리더십 팀을 대상으로 케빈을 어떻게 생각하느냐는 설문조사를 주기적으로 실시하라는 것이었다. 맥너미가 케빈을 대신해서 작성한 질문을 몇 개만 예를 들면 다음과 같다. "내가 하고 있는 일 중에 앞으로도 계속 진행했으면 하는 일은 무엇인가? 즉시 중단하거나 시정해야 할 일은 무엇인가? 새로 시작하거나 더 강화해야 할 일은? 그밖에 내게 하고 싶은 말은?" 맥너미는 경영진의 솔직한 대답을 독려하기 위해 모든 답변을 취합해서 보고서를 작성한 뒤에 케빈에게 전달했다. 케빈은 이를 이사회 멤버들에게 제출해서 그들이 이 주제에 대해 자체적으로 논의하도록 조치했다(케빈은 CEO 친구들로부터 정신 나간 짓이라는 소리를 들었다).

케빈은 암젠의 전 직원을 대상으로 설문조사를 실시할 때도 비슷한 질문을 포함시켰다. "케빈이 CEO로서의 직무를 얼마나 잘 수행하고 있다고 생각합니까?" 응답란에는 개인적인 생각을 코멘트로 추가할 수 있도록 여백을 마련해두었다. 케빈은 직원들이 남긴 수백 개의 답변을 주로 늦은 밤에 읽었다. 어떤 피드백은 너무 직설적이어서 술이라도 한잔 곁들여야 할 때도 있었다. 예를 들어 케빈이 마치 먼 나라에 살고 있는 리더 같다는 응답이었다. 그는 앞으로 복도에서 직원들과 적극적으로 대화를 나누고, 구내식당에서 동료들과 이야기를 주고받고, 타운홀 미팅을 더 자주 개최하겠다고 약속했다.

케빈은 이렇게 말한다. "청취 생태계를 구축하는 일은 단순히 주어진 의무를 수동적으로 받아들이는 행위가 아닙니다. 당신이 직원들의 말을 듣고 싶어 한다는 것을 모두에게 분명히 알릴 수 있는 체계를 수립하라는 겁니다." 직원들이 내놓은 제안 중에 훌륭한 아이디어를 실행에 옮기면, 당신이 그들의 말에 세심히 귀를 기울인다는 것을 보여줄 수 있다. 케빈은 이사회와 중요한 회의를 마친 뒤에는 항상 논의 사항을 요약하고, 이사들이 제시한 의견을 확인하고, 자신이 다음 단계로 취할 조치를 문서로 작성해 모두에게 발송했다. "이를 통해 당신이 이사들의 말을 경청했고 그들의 입장을 존중하고 이해한다는 것을 보여줄 수 있으며, 앞으로 당신이 어떤 행동을 취할지 분명히 밝힐 수 있습니다. 그러므로 자기 말을 귀담아듣지 않았다고 불만을 제기할 이사는 아무도 없을 겁니다. 당신은 이런 과정을 통해 조직에 어떤 일이 생겼는지 파악하고, 다음 조치에 대한 계획을 밝히고, 대화 상대방에게 당신의 의견에 이의를 제기하거나 자신이 제공한 조언을 재차 확인할 기회를 부여할 수 있습니다.”

심지어 케빈은 과거 에포젠 위기가 발생한 뒤에 샌타모니카의 어느 이탈리아 레스토랑에서 경험했던 ‘진실의 순간’을 주기적으로 재현하기도 했다. “나는 가끔 혼자만의 시간을 갖고 내 눈에 비친 현실을 가감 없이 적어 내려갔습니다. 물론 불쾌한 부분을 수정하거나 가공하지 않은, 있는 그대로의 현실을 말하는 거죠. 우리가 해결해야 할 진정한 문제는 무엇인가? 내가 항상 원하는 것은 현실을 정확히 인식하는 일이었습니다. 희망 사항이나 환상이나 부분적인 그림이 아닌 냉정한 현실 그 자체를 말하는 겁니다.”

케빈이 CEO가 된 지 10년이 흐른 어느 주말, 그는 캘리포니아 해변의 오두막에서 홀로 시간을 보내며 지난 10년간의 성과를 정리하는 보고서를 작성했다. 나는 그동안 어떤 일을 잘했고, 무엇을 더 잘할 수 있었으며, 미래에 회사가 직면할 도전을 극복하기 위해 더욱 역점을 기울여야 하는 부분은 무엇인가? 그는 이 보고서도 이사회에 보내 모든 멤버와 함께 공유했다.

그는 사람들의 말을 경청하는 방법도 완전히 바꿔 대화의 순간에 집중하고 상대방의 몸짓 언어에도 적절히 반응했다. “마치 눈을 덮고 있던 비늘을 벗겨낸 것 같았습니다. 내가 효율성이나 판단력에 도움이 된다는 생각으로 유지해왔던 행동 패턴들이 실제로는 남의 말을 듣는 데 방해가 될 뿐이었다는 사실을 깨달은 거죠. 따라서 나는 무엇보다 속도를 늦추기로 했습니다. 타인의 말을 경청할 준비가 되어 있다는 사실을 스스로에게 확인시켰으며, 충분한 시간을 갖고 상대방에게 귀를 기울였습니다.” 그는 자신의 사무실을 응접실처럼 꾸미고 누군가와 일대일 면담을 할 때는 가급적 책상에서 멀리 떨어진 의자에 앉아 편안한 분위기에서 대화를 나누었다. “나는 직속부하들에게 신뢰받을 만한 환경을 만들고 싶었습니다. 그래야 그들이 내게 나쁜 소식을 전해도 불이익을 당하지 않을 거라고 안심할 수 있을 테니까요.” 그는 이렇게 덧붙인다. “당신의 팀원들을 부하가 아닌 파트너로 대해야 합니다. 파트너한테는 어려운 문제에 관해서도 대화를 나눌 수 있고, 협조를 통해 최선의 해답을 찾아낼 수 있습니다. 나는 직원들과 주기적으로 대화를 나눌 때마다 ‘하고 있는 일은 어떻게 되어 가나요?’라고 느긋하게 물었으며, 결코 서두르는 모습을 보이지 않았습니다. 그리고 심판관이 아니라 조언자나 코치라는 생각으로 대화에 임했습니다.”

리더들은 조직에서 발생하는 신호를 액면 그대로 받아들이지 말고 다음 질문의 답을 스스로 찾아낼 수 있도록 전략을 개발해야 한다. 당신은 조직에서 벌어지는 일의 진정한 실체와 그 역학관계, 그리고 직원들이 회사에 대해 품고 있는 생각을 어떻게 파악할 것인가? 케빈은 이렇게 말한다. “당신이 사내에서 마주친 몇몇 직원이 즐겁게 웃는 모습을 봤다고 해서 모든 사람이 행복할 거라고 생각해서는 안 됩니다. 만일 그렇게 생각한다면 당신은 진정으로 남의 말을 듣고 있는 것이 아닙니다. '청취 생태계'는 그런 식으로 정보를 제공하도록 설계되지 않았으니까요." 경청은 다차원적인 실천의 행위이며, 여기에 헌신과 관심을 지속적으로 쏟아야 한다는 사실을 깨닫지 못한 리더들은 생존하거나 발전할 수 없다. 이제 "무소식이 희소식"이라는 상투적인 문구는 머릿속에서 지워버려야 한다. 무소식은 나쁜 소식이다. 멀리서 울려대는 경고의 신호음이 당신에게 도달하지 않았다는 뜻이기 때문이다.

당신은 위기를
관리할 수 있는가?

수많은 리더를 곤경에 빠뜨리는 예측 가능한 실수를 피하라

우리가 이 글을 쓰고 있는 2020년 여름, 코로나 바이러스 사태는 여전히 지구 전체를 뒤덮고 있다. 미국의 확진자 수는 연일 신기록을 갱신 중이며 전 세계에서 코로나19로 사망한 사람의 수도 지속적인 증가세를 보이고 있다. 백신을 개발하기 위한 노력에도 불구하고 조만간 팬데믹을 종식시킬 수 있는 의학적 해결책이 나올 것이라고 예측하는 사람은 아무도 없다. 1918년의 스페인 독감 유행이나 대공황에 비견되는 우리 시대 최악의 위기가 앞으로 어떤 뉴노멀new normal(시대의 변화에 따라 새롭게 제시되는 기준이나 표준-옮긴이)을 창조할지, 이후 우리의 삶은 어떻게 바뀔지에 대한 질문이 끝없이 대두되고 있다. 원격 근무는 우리 생활의 일부가 될까? 화상회의가 훨씬 효율적인 업무 방식이라는 인식에 따라 하루 종일 거리를 누비는 영업 직원들의 고단한 삶은 사라질까? 상업용 부동산의 미래는 어떻게 될까? 쇼핑몰은? 대학교는? 관광 산업은?

이 위기 상황은 수많은 고위 임원의 리더십을 위협하는 강력한 도전이 되고 있다. 특히 2008년 금융위기 이후 예상 외로 안정적인 시기가 지속됐던 지난 12년 사이 새롭게 경영자의 자리에 오른 사람들에게는 더욱 그렇게 느껴질 수밖에 없다. 하지만 향후 10년 안에 또다시 세상을 뒤흔들어놓을 새로운 위기가 닥칠 가능성이 크다는 데 한 표를 던지는 것은 무리한 도박이 아닐 듯싶다. 그동안 우리가 엄청난 사건을 묘사하기 위해 즐겨 사용해왔던 '일생에 한 번뿐인'이라는 관용어는 이미 유효기간이 지났는지도 모른다. 요즘에는 한 사람의 일생 동안 여러 차례의 대규모 위기를 경험하는 것이 예사인 세상이 되어버렸다.

2020년 3월, 먼 나라의 이야기 같았던 코로나19가 위협적인 유행병의 모습으로 우리들 집의 문턱을 넘은 순간부터 우리에게는 바야흐로 뷰카(VUCA)의 시대가 열렸다. 이는 지난 1987년 미국 육군대학원이 변동성volatility, 불확실성uncertainty, 복잡성complexity, 모호성ambiguity의 첫 글자를 따서 만든 신조어다. 다음번에는 어떤 위기가 닥칠까? 사이버 공격? 오랜 기간의 기후 변화에 따른 새로운 위기?
또 다른 바이러스?

우리가 유일하게 확실히 알고 있는 사실이 세상은 불확실하다는
것뿐이라면, 리더들은 이에 대해 만반의 준비를 갖춰야 한다. 여기서
말하는 위기는 코로나19처럼 세상 모든 사람에게 영향을 미치는 외
부적 위기만을 의미하지 않는다. 리더들은 오랜 경력 기간 동안 자기
가 속한 회사, 부서, 팀 등에 한정된 위기를 여러 차례 경험하기 마련
이다. 해커가 민감한 고객 정보를 빼내거나, 소프트웨어의 결함으로
심각한 보안 문제가 발생할 수도 있다. 공장에서 사고가 발생해 직원
들이 다치고 생산에 큰 차질이 빚어지는 일도 종종 벌어진다. 한 직
원이 트위터에 올린 글이 소셜미디어를 발칵 뒤집어놓으면서 회사의
명성이 심각하게 훼손되는 일도 생긴다. 특히 일과 삶의 경계가 점점
희미해지는 오늘날, 사회의 오류를 바로잡는 역할을 기업이 수행할
거라는 세간의 기대가 커짐에 따라 정부 기관보다는 일반 기업에서
일하는 리더들에게 걱정거리가 더욱 많다.

"리더의 역할은 점점 진화하고 있으며, 그 역할을 맡은 사람에게는
더 냉철한 상황 인식과 우수한 지적 능력이 요구됩니다." 카디널헬스
Cardinal Health의 전 회장 겸 CEO 조지 배럿George Barrett은 CEO가 갖
춰야 할 덕목을 이렇게 말한다. 이는 다른 모든 리더에게도 적용 가
능한 논리일 것이다. "이 역할을 수행하기 위해서는 많은 도구가 필
요합니다. 과거에는 그 도구들이 무대 뒤에 가려 보이지 않았습니다.
막후에서 조직의 운영을 돕는 역할을 주로 수행했기 때문입니다. 주

주 중에 유달리 목소리가 크고 존재감이 강한 사람은 소수에 불과했으며, 리더들은 그들을 관리하는 데 주력하면 그만이었습니다. 하지만 이제는 모두가 목소리를 내는 세상이 됐습니다. 리더들은 예전에 비해 경영에 더 많이 관여하게 된 주주들에게 더욱 세심한 주의를 기울여야 합니다. 이런 상황에서는 숙련된 기술을 지닌 경영자가 필요합니다."

리더가 조직을 이끌고 위기를 헤쳐 나가는 일은 지금까지 우리가 논의한 모든 테스트를 종합한 일종의 최종 시험과도 같다. 만일 당신이 이미 '단순한 계획'을 적절히 수립하고, 강력한 기업문화를 배양하고, 결속력이 강한 팀을 꾸리고, 조직의 경고 신호음을 포착할 수 있는 생태계를 구축했다면, 다음번에 닥칠 위기를 훨씬 잘 극복할 수 있을 것이다. 하지만 이미 위기가 절정에 달한 시기라면 그런 경영적 기반을 새로 구축하는 작업은 적절하지 않다. 조직에 닥친 도전을 해결해야 한다는 엄청난 압박감에 놓인 사람은 오로지 자신의 '근육 기억'에 의지해 위기 상황을 헤쳐 나갈 수밖에 없다. 조직의 구성원들은 리더에게 침착하고, 자신감 넘치고, 믿음직한 모습을 기대한다. 그런 자질은 거짓으로 위장할 수도 없다. 다시 말해 리더의 위기 극복 능력은 이전의 위기에서 배운 뼈아픈 교훈을 통해 획득할 수도 있지만, 다른 사람들의 경험을 통해 위기의 패턴을 예측하고 해야 할 일과 하지 말아야 할 일을 학습함으로써 획득할 수도 있다.

우리 저자들의 목표는 다양한 형태의 위기에서 초래되는 역학관계를 리더들이 더 잘 이해할 수 있도록 돕고, 나아가 성공에 가장 유리한 고지를 점할 수 있는 리더십의 교본을 그들에게 제공하는 데 있다. 위기에 처한 조직을 이끄는 데 가장 중요한 요소는 리더 개인과 조직의 명성이 벼랑 끝에 놓인 극도의 불확실성 앞에서 어느 정도의 확실성을 제공하는 능력을 발휘하는 것이다. 하지만 이 두 가지 위기(코로나19 같은 외부적 충격과 조직 내부에서 발생한 치명적인 문제)는 본질적으로 크게 다르다. 따라서 우리는 이 두 형태의 위기를 별도로 살펴보고 이를 성공적으로 극복해낸 리더들의 교훈을 공유하고자 한다. 일단 코로나19 사태라는 긴급한 사례 연구에 관해 논의하고, 다음으로 조직 내부의 위기를 관리하는 법을 알아보기로 하자.

✖ ⬤ ✖

코로나 바이러스의 위기는 여전히 한 치 앞을 내다보기 어려운 상태다. 앞으로 얼마나 많은 사람이 목숨을 잃을까. 백신은 언제쯤 나올까. 경제에는 궁극적으로 얼마나 큰 충격이 가해질까. 코로나 이후의 세계는 어떻게 변할까. 우리의 앞날이 순탄치 못하리라는 것은 불을 보듯 뻔하며, 모든 산업 분야와 조직은 저마다 다른 형태로 영향을 받을 것이다. 특히 리더들이 이 위기 상황을 극복하는 데 있어 가장 큰 어려움은 '앞으로 인류가 살아가는 방식에 어떤 영구적인 변화가 초래될 것인가'라는 실존적인 질문에 답하는 일이다. 리더들은 비즈니스의 생존 능력을 유지하기 위해 갖은 애를 써야 하는 동시에 불가피하게 재택근무를 하는 직원들의 정신건강까지 우려해야 하는 상황에 놓여 있다. 그들은 언제쯤 회사로 복귀해서 일할 수 있게 될까? 사무실은 안전하다고 장담할 수 있을까? 직원들이 회사로 복귀하기를 꺼린다면 어떻게 해야 하나? 현재의 상황에 비하면 2008년의 금융위기는 훨씬 단순한 편이었다. 당시에 제기됐던 질문은 오직 두 가지뿐이었다. 이 경제적 충격의 수렁은 얼마나 깊을까? 우리가 그곳에서 헤어나는 데 얼마나 오랜 시간이 걸릴까?

하지만 코로나 팬데믹이 초래한 불확실성과 고통이 아무리 크다고 해도, 이는 당신의 조직에만 제한적으로 발생한 위기에 비해 리더들에게 제기하는 도전의 양상이 훨씬 단순하다. 이 세상에 코로나19의 위협에서 벗어날 수 있는 사람은 아무도 없다. 정치인이나 보건 당국의 관료들처럼 대중에게 일거수일투족이 노출되는 사람이 아니라면 어느 누구도 조직의 리더들에게 이 사태에 대한 책임을 묻지 않는다. 코로나 바이러스가 전 세계 경제를 처참하게 마비시킨 상황에서, 기업들이 처한 재무적 위기를 리더의 전략적 실패나 제품 및 서비스에 대한 잘못된 베팅의 산물이라고 보는 사람은 아무도 없다. 과거에도 여러 차례 그런 일이 있었지만, 외부적 위기가 발생했을 때는 모두가 한배를 타고 서로에게 위기관리의 교훈을 배워야 한다는 분위기가 고조되는 법이다.

우리와 대화를 나눈 수십 명의 리더는 위기를 관리하는 법에 관해 다음과 같은 몇 가지 핵심적인 주제를 이야기했다. 이 교훈들은 앞으로 10년 뒤 또 한 차례의 '일생에 한 번뿐인' 사건을 맞은 당신에게 중요한 조언으로 기억되리라 믿는다.

회사에 위기가 발생하면 직원들 앞에 모습을 드러내기를 꺼려하는 리더들이 의외로 많다. 특히 고통스러운 비용 절감의 시기가 닥쳤을 때(최근 코로나19로 인해 수많은 회사가 그런 결단을 내릴 수밖에 없었다) 더욱 그런 식으로 행동한다. 메릭앤코의 CEO 데이비드 라이머 David Reimer는 기업의 구조조정 및 감원 절차를 돕는 컨설팅 기업 드레이크빔모린Drake Beam Morin에서 10여 년간 근무한 경력이 있다. 라이머에 따르면 위기가 찾아왔을 때 대부분의 리더는 그늘 속으로 숨어드는 길을 택한다고 한다. 그는 이렇게 회고한다.

그들은 구조조정을 실시하겠다고 발표한 뒤에 한동안 회사 내부의 스포트라이트에서 자취를 감춘다. 일부 CEO는 주기적인 타운홀 미팅을 통해 직원들에게 최소한의 메시지를 전달하지만, 그들 역시 감원을 발표할 때가 되면 직원들과 거리를 두려고 애쓴다. 반면 회사를 떠난 직원들의 동향에 대해 꾸준히 관심을 갖고 지켜보는 CEO도 전혀 없는 것은 아니다. 다시 말해 일부 CEO는 직원들에게 불가피하게 감원 통보를 해야 하는 상황에서도 자신이 구축한 조직의 가치를 송두리째 무너뜨리지 않는다. 그런 경영자가 이끄는 회사에 남아 일하는 직원들에게는 그 직장이 전혀 다른 느낌으로 다가올 것이다. 그들은 자기 회사가 평생고용을 보장하지 않는다는 사실을 알고 있지만, 공식적인 고용관계를 떠나 회사와 어떤 심리적 계약을 맺고 있다고 생각한다.

리더는 위기가 닥칠수록 직원들에게 더 자주 얼굴을 보일 필요가 있다. 리더의 말, 행동, 몸짓 언어를 포함한 모든 것이 조직 내에 특정한 분위기를 불어넣는 역할을 하기 때문이다. 상황이 안정적인 시기에도 리더는 늘 '과도한 관찰'의 대상이 된다. 직원들은 상사의 찌푸린 미간, 굽은 어깨, 당황한 말투 속에서 숨겨진 의미를 언제나 날카롭게 분석한다. 따라서 리더는 이런 상황을 십분 활용해서 불가피한 감원 조치로 회사를 떠나는 직원들이 받을 감정적·재무적 충격에 자신이 얼마나 공감하고 마음 아파하는지 솔직한 신호를 보낼 수 있을 것이다.

2020년 3월, 회사가 급격한 수익 감소로 인해 고통을 겪고 있다고 호소한 메리어트인터내셔널Marriott International의 CEO 아니 소런슨Arne Sorenson(그는 그해의 남은 기간 동안 자신의 급여를 전액 삭감할 것이며 경영진의 급여도 50퍼센트로 줄이겠다고 말했다)의 6분짜리 동영상은 수많은 사람에게 존경과 감동을 불러일으켰다. 소런슨은 경영진이 이 메시지를 동영상으로 전달하는 것을 우려한다는 사실을 잘 알고 있었다. 췌장암을 선고받고 치료 중인 모습을 전 직원들에게 공개해야 하기 때문이었다. 그는 항암 치료를 받느라 머리카락이 모두 빠진 상태였으며 양복도 너무 커서 헐렁했다. "지금보다 더 어려운 시기는 없었습니다." 소런슨은 카메라를 향해 잠긴 목소리로 말했다. "우리의 훌륭한 동반자들(이 회사의 중심에서 일하는 직원들)의 일자리가 그들의 통제 범위를 벗어난 외부적 사건으로 인해 영향을 받고 있다는 사실을 모두에게 알려야 하는 일보다 더 최악의 상황은 없습니다."[1]

직원들은 자신감에 넘치는 리더를 원하지만, 동시에 그의 인간적인 모습을 보고 싶어 한다. PwC의 미국 회장 겸 수석 파트너인 팀 라이언Tim Ryan은 코로나 사태가 발생한 직후 수천 명의 직원들에게 공개한 주간 웹캐스트 방송에서 자신의 가족(그는 여섯 명의 자녀를 두고 있다)이 지난 금요일 저녁에 심하게 다퉜다고 고백했다. 당시 코로나로 집에 격리되어 있던 직원들은 생전 처음 겪어보는 스트레스와 압박을 경험하고 있었으며, 다른 사람들은 사정이 좀 나은지 궁금해하던 참이었다. "이런 순간에 리더들에게 중요한 것은 인간적인 면모를 드러내고 자신이 초인적인 CEO가 아니라는 사실을 보여주는 겁니다." 라이언은 이렇게 말한다. "그런 이야기를 다른 사람들과 공유하는 것만으로도 심리를 안정시키는 데 도움이 됩니다. 직원들도 내 이야기를 듣고 나면 '나만 그런 게 아니다'라는 사실을 깨닫게 될 겁니다. 아마 좀 있으면 직원들이 가족끼리 다툰 경험에 대해 내게 수백 건의 이메일을 보낼지도 모르겠네요."

어느 다국적기업의 임원이 코로나 바이러스 사태가 시작되기 몇 달 전에 이런 의문을 제기했다고 상상해보자. "모든 직원의 근무 형태를 재택근무로 바꾸기 위해서는 어떻게 해야 할까?" 동료들은 비현실적인 제안이라고 웃어넘길 가능성이 크다. 하지만 만일 그들이 이 아이디어를 진지하게 검토하기로 결정했다면 십중팔구 다음과 같은 일이 벌어졌을 것이다. 우선 이 일을 추진하기 위한 위원회가 조직된다. 이 위원회는 직원들이 근무 장소를 집으로 바꿨을 때 발생할 수 있는 기술적·법적·인사적 문제를 샅샅이 검토한다. 18개월쯤 지난 뒤에 이 아이디어는 실행이 불가능하다고 공식적으로 결론을 내린다. 하지만 코로나19 사태가 터진 상황에서 기업들은 선택의 여지가 없었다. 그들은 신속하게 모든 사무실 근로자를 집에서 일하게 만들 수 있는 방법을 찾아냈다.

위기에 빠진 기업들은 평소에 익히기 힘들어했던 핵심적 경영 기술(우선순위 설정, 신속한 의사결정, 혁신 등)을 너무도 쉽게 습득해낸다. 인공지능 데이터 기반의 자연어 생성 기술업체 아리아NLGArria NLG의 CEO 샤론 대니얼스Sharon Daniels는 코로나 사태가 시작된 뒤 경영진과 매일 진행하는 회의를 단 하나의 질문으로 시작한다. "'오늘 집중해야 할 일은 무엇입니까?' 나는 이 위기가 시작된 첫 주에 이렇게 선언했습니다. '그동안 계획했던 일을 전부 추진하지는 않을 겁니다. 오직 우리에게 중대한 영향을 미칠 수 있는 업무에만 집중하려고 합니다. 다른 사업 계획들은 당분간 미루기로 합시다.' 다행히 모든 일이 순조롭게 진행되었지만, 내가 그런 방침을 내놓으면서 직원들의 마음은 조금 가벼워졌죠."

서비스나우의 최고인재책임자 팻 와도스는 이 위기가 닥친 뒤에 회사가 더 빠른 속도로 움직이게 됐으며, '완벽한 불완전함'의 자유를 부여받았다고 말한다. 위기 상황에서는 혁신적인 아이디어가 한두 주 안에 제품화되어 시장에 등장하곤 한다. 고객들은 그 불완전한 제품에 대해 피드백을 제공하고, 회사는 이를 즉시 반영해 품질을 개선한다. 사실 평상시에도 이런 식으로 일이 이루어져야 마땅하지만, 많은 경우 그렇지 못하다. "세상 모든 사람이 대단히 어렵고 불안정한 상황에 놓여 있습니다. 그러다 보니 우리가 좀 서툴고 부족한 모습을 보여도 눈감아주는 분위기가 그 어느 때보다 강한 거죠. 우리는 세련되고 완벽한 결과물을 내놓아야 한다는 압박감에 시달리지 않습니다."

당신이 회의실을 가득 채운 임원들에게 충분한 시간을 허락한다면, 그들은 뭔가를 '하지 말아야 할' 이유들의 기나긴 목록을 작성할 것이다. 하지만 위기 상황에서는 길게 생각할 시간이 없고 오직 긴급한 행동만이 필요하다. 이제 기업들은 다음과 같은 질문에 답해야 한다. 위기가 종료된 뒤에도 현재의 방식으로 비즈니스를 유지할 수 있는 방법은 무엇인가?

당신은 어떻게 이 암울한 현실을 인정하는 동시에 자신감과 에너지가 넘치는 모습을 보일 수 있을까? 직원들의 정서적 중압감을 이해하고 포용하면서도 그들에게 맡은 바 업무를 최선을 다해 수행하는 책임감 있는 태도를 이끌어낼 방법은 무엇일까? 먼저 신뢰를 구축하라. 당신은 자신이 무엇을 알고 있고 무엇을 모르는지를 포함해서 직원들에게 항상 정확한 정보를 제공해야 한다. 당신이 아무리 그럴듯하게 사실을 포장해도 그들의 고성능 안테나는 순식간에 포착해낸다. 결국 특정한 순간에 어떤 접근방식이 가장 적절한지 선택하는 일은 당신의 감각에 달려 있는 셈이다.

게임 소프트웨어 기업 유니티테크놀로지스Unity Technologies의 CEO 존 리치티엘로John Riccitiello는 이렇게 말한다.

그건 흥미로운 균형 잡기 게임이다. 한편으로 우리에게 가장 중요한 것은 건강과 가족이기 때문에, 나는 이 초유의 사태를 맞아 직원들에게 최대한의 배려를 제공하라고 모든 관리자에게 당부했다. 직원들 중에는 홀로 육아를 담당하며 평소 같으면 학교에 가야 할 세 아이가 하루 종일 집 안을 뛰어다니는 상황을 감수해야 하는 사람도 적지 않을 것이다. 그들은 앞으로도 어려운 시간을 보내야 할 것이 분명하므로, 이런 형편을 감안해서 어느 정도 숨 쉴 공간을 만들어주어야 한다. 다시 말해 그들이 예전만큼 회사에 업무적으로 기여하지 못해도 눈감

아주고 넘어갈 수밖에 없다. 하지만 또 다른 측면에서 보면 우리 회사의 직원 대부분은 자산의 거의 전부를 회사 주식으로 보유하고 있다. 그들에게 중요한 것은 이 위기 속에서도 우리 회사의 경쟁력은 여전히 강하고, 자신이 훌륭한 직장에서 일하고 있으며, 이 위기가 지나면 회사가 더욱 나아질 거라고 믿는 것이다. 그런 한편 우리 회사에 닥친 어려움과 문제가 무엇인지도 돌아볼 수 있어야 한다.

고위 임원 중에는 인재가 갖추어야 할 최우선적인 기술로 임기응변을 꼽는 사람이 많다. 위기 상황에서 조직을 이끌 수 있는 완벽한 전략보다 그때그때 상황에 적절하게 대응하는 기술이 더 중요하다는 것이다. 이는 인간의 직관적인 능력과 관련이 깊다.

그동안 위기에 빠진 여러 기업을 여섯 차례나 정상화시킨 경력을 보유한 베테랑 컨설턴트 바버라 쿠리Barbara Khouri는 이렇게 말한다.

당신은 침착한 모습으로 직원들에게 안정감을 제공하다가 바로 다음 순간에는 직원들의 사기를 북돋기 위해 활력이 넘치는 모습을 보여주어야 한다. 때로 직원들에게 과감히 권한을 위임함으로써 그들이 창의성을 발휘하고 무엇이든 자발적으로 시도해보도록 유도해야 한다. 그러나 때로는 엄격한 규칙을 앞세워 이렇게 단호하게 선언해야 한다. "우리가 해야 할 일은 이것입니다. 모든 사람은 예외 없이 따라야 합니다." 당신은 언제 웃어야 하고, 언제 진지한 태도를 취해야 할지도 파악해야 한다. 위기 상황에서는 우선순위 결정, 인적 관계, 인간미, 신뢰, 소통, 명확성, 투명성, 솔선수범하는 자세가 더 많이 필요하다. 반면 완벽함에 대한 요구 사항이나 의사결정을 내리기 전에 모든 데이터를 세밀하게 검토해야 할 필요성은 줄어든다.

조직을 재창조하라

위기는 조직 구성원들이 그동안 당연히 여겨왔던 모든 전제를 뒤집고 원점에서 재검토할 기회가 되기도 한다. 그런 초유의 상황에서는 평소 같으면 절대 불가능하다고 여겨졌을 아이디어도 테이블 위에 올려놓을 수 있다. 그동안 10여 개의 기업을 상대로 위기 탈출의 노력을 지원한 팜 필즈Pam Fields에 따르면 위기의 시대는 경영진이 다음과 같은 몇 가지 질문을 스스로에게 던질 수 있는 귀중한 기회를 제공한다고 한다. 만일 우리가 이 회사를 처음부터 다시 설립한다면 예전에 비해 어떤 일을 다르게 할 것인가? 우리가 이 위기 상황에서 벗어난다면 1년 뒤, 3년 뒤에는 각각 어떤 목표 지점에 도달할 것인가? 그곳에 도착하기 위해 필요한 자원은 무엇인가? 우리가 그곳으로 가는 것을 막는 방해 요소는 무엇인가? 필즈의 말을 들어보자.

일단 당신이 전략의 골격을 완성하면, 이 어려운 질문들에 답하기가 한결 수월해질 것이다. 가령 오프라인 유통업체들에 대한 의존도를 줄이고 고객 직판 모델로 사업 방식을 바꾸는 전략을 생각해볼 수 있다. 그런 뒤에는 조직의 구성원들에게 새로운 전략을 설명해야 한다. "이곳이 우리의 현재 위치이며, 우리가 앞으로 도착하고자 하는 지점은 여기입니다. 우리가 그곳에 도달할 수 있는 방법은 이것이고, 그곳에 닿기 위해서는 이런 자원이 필요합니다." 당신이 위기 상황에 놓여 있든 아니든, 네 부분으로 구성된 이 같은 전략적 틀은 회사가 취할 다음 단계의 조치를 직원들에게 이해시키는 데 도움이 될 것이다.

2008년의 금융위기를 포함해서 그동안 시장에서 많은 위기를 경험한 우리는 그 어떤 위기도 언젠가는 끝날 것이며, 새로운 뉴노멀이 탄생할 거라는 사실을 알고 있다. 따라서 이제 우리는 다음과 같은 질문에 답해야 한다. 앞으로 어떤 뉴노멀이 등장할 것인가? 우리는 위기 상황이 종료된 뒤 새롭게 대두될 것으로 예상되는 뉴노멀을 바탕으로 어떻게 회사를 재창조하는 작업에 돌입할 것인가?

위기 상황에서 사람들이 당황하거나 코로나 전에 세웠던 계획들에 대해 좌절감과 상실감을 느끼는 것은 충분히 이해가 갈 뿐만 아니라 인간적으로도 자연스러운 반응이다. 2020년 3월 23일 스콧 베리나토Scott Berinato가 〈하버드 비즈니스 리뷰〉 웹사이트(hbr.org)에 게시한 "당신이 느끼는 불편함은 바로 상실감이다"라는 글은 이 잡지 역사상 가장 많은 조회 수를 기록했다. 리더가 치러야 할 테스트 중 하나는 자기 개인과 조직 전체의 전략적인 초점을 '예전에 있을 법했던 일'에서 '앞으로 가능한 일'로 바꿀 수 있느냐는 것이다. 이는 성공적인 창업자와 훌륭한 리더를 정의하는 필수적인 사고방식이다. 상상과 현실 사이의 균형을 적절하게 조율할 능력을 갖춘 사람은 '모든 것'을 기회로 바꿀 수 있다. 직원들에게도 이 점을 수시로 상기시켜야 한다. 그런 의미에서 아이라테크놀로지스의 CEO 아난드 찬드라세커가 직원들에게 들려준 로저 배니스터Roger Bannister의 이야기만큼 적절한 비유는 없을 듯하다.

배니스터는 인류 역사상 최초로 1마일(약 1.6킬로미터)을 4분 안에 달린 사람이다. 비즈니스 세계를 스포츠에 비유하는 것은 때로 식상할 정도로 흔하지만, 배니스터의 이야기는 위기에 빠진 사람들이 상상력을 어떻게 제한하는지 잘 보여주는 강력하고 구체적인 사례다. 찬드라세커의 말을 들어보자.

사람들은 100년이 넘는 시간 동안 인간이 1마일을 4분 내에 주파하는 일이 불가능하다고 믿었다. 심지어 의학 학술지들도 심장에 무리가 간다는 이유로 그 기록이 물리적으로 불가능하다고 주장했다. 하지만 배니스터는 이 도전을 받아들였다. 미국의 웨스 산티Wes Santee와 호주의 존 랜디John Landy 역시 다른 곳에서 각자 기록에 도전했다. 결국 배니스터는 1954년에 이 기록을 깼다. 핵심은 바로 그다음에 벌어진 일이다. 그 뒤로 많은 선수가 잇달아 마의 4분 벽을 돌파한 것이다.

나에게 배니스터의 이야기는 우리의 발전을 가로막는 장애물이 능력의 부족이 아니라 믿음의 부족이라는 사실을 입증하는 훌륭한 사례다. 인간이 1마일을 4분 안에 달릴 능력이 없었던 게 아니라 그 일이 가능하다고 믿지 않았던 것이다. 이런 불확실성의 시대에 우리를 좌절시키는 것은 상상력의 빈곤과 신념의 부재다. 관리자와 리더의 임무는 우리에게 가능한 일에 대한 믿음을 굳건히 구축함으로써 모든 사람이 그 목표에 전념하게 만드는 것이다. 그것이 바로 인간성의 본질이다. 우리 모두는 희망이 있어야 살아갈 수 있는 존재다.

✖ ● ✖

팬데믹 사태와 같은 외부적 위기를 맞은 리더들은 어려움을 겪는 사람이 자기 혼자만이 아니라는 사실에 위안을 받을 수 있다. 그들이 이 문제를 일으킨 주체가 아니기 때문이다. 따라서 리더들은 자신이 조직을 이끌고 위기에서 벗어나기 위해 나름대로 최선을 다하고 있다는 소위 '무죄 추정의 원칙benefit of doubt'을 적용받는다. 다시 말해 기업의 재무적 기반이나 직원들의 건강과 안전을 위협하는 중대한 리스크가 닥치더라도 그 책임 소재가 특정 개인을 향하지는 않는다.

그러나 기업 내부에서 초래된 위기는 다르다. 어느 리더가 이끄는 조직, 부서, 팀에 위기가 발생하면 즉시 그에게 책임 추궁이 따르고 누구도 이를 용서하지 않는 분위기가 조성된다. 그동안 쌓아올린 명성, 일자리, 그리고 앞날의 경력까지 갑자기 벼랑 끝에 몰리게 된 당신은 세상에 홀로 버려진 느낌을 받을 것이다. 팬데믹 사태나 금융위기 때 톡톡히 도움이 됐던 '무죄 추정의 원칙'도 더 이상 통하지 않는다. 반대로 당신의 유죄를 추정하는 목소리는 갈수록 높아지고, 당신의 해명을 참을성 있게 들어주는 사람은 거의 없다. 사람들은 부당한 방향으로 당신을 저울질하고, 객관적인 근거도 없이 위기 발생 원인을 당신의 행동 탓으로 돌린다. 시간이 촉박해서 뭔가 세심하게 선택하거나 조치를 취할 만한 여유도 없다. 당신도 잘 모르는 문제의 원인이 분명히 있겠지만, 이를 밝혀내기 위해서는 충분한 시간이 필요하다. 이런 종류의 내부적 위기는 수많은 대기업에서 주기적으로 발생한다. 웰스파고 은행 직원 수천 명은 개인 실적 달성을 위해 수많은 고객의 명의를 도용해서(물론 고객 몰래) 유령계좌를 개설하고 신용카드를 만들었다. 보잉 737 맥스 기종이 몇 차례의 대형 인명 사고를 낸 것도 결국 기체의 설계 결함을 무시한 회사의 실수 때문이었다. 또 2010년 멕시코만에서 발생한 딥워터호라이즌 원유 유출 사건을 생각해보라. 대기업의 스캔들은 몇 개월씩 언론의 조명을 받지만, 그 밖에도 외부에 잘 알려지지 않은 기업 내부의 위기는 수없이 발생한다. 그럴 때마다 리더들은 마치 취조실에 불려온 범죄자처럼 빨리 질문에 답하라고 책상을 내려치며 다그치는 숱한 사람들과 마주해야 한다.

　내부적 위기를 맞은 리더들이 초기 단계에서 저지르는 가장 흔하고 안타까운 실수는 문제의 심각성을 축소하기 위해 잘 알지도 못하는 이야기를 늘어놓는 것이다. 딥워터호라이즌의 폭발 사고로 인해 무려 열한 명이 목숨을 잃는 사건이 벌어졌을 때도 그랬다. 트랜스오션Transocean에서 굴착 기계를 임대했던 BP(브리티시페트롤륨)의 CEO 토니 헤이워드Tony Hayward는 BP가 이 재난과 무관한 것처럼 거리를 두려 애썼다. "우리가 낸 사고가 아닙니다." 헤이워드는 사고 발생 2주 후에 이렇게 발뺌했다. "그건 우리의 시추 시설이 아니라 트랜스오션의 시설입니다. 그들의 시스템, 그들의 직원, 그들의 장비입니다." 하루 수만 배럴의 원유가 깊은 바다로 쏟아져 나온 지 무려 11일이 지났을 때도 그는 이렇게 주장했다. "멕시코만은 매우 넓은 바다입니다. 그동안 유출된 원유나 우리가 살포한 화학적 분산제의 양은 전체 바닷물에 비해 아주 미미합니다." 하지만 500만 갤런 이상의 원유가 유정에서 쏟아져 나오면서 역사상 가장 큰 원유 유출 사고로 번지자, 그로부터 4일 뒤에 헤이워드는 이렇게 말했다. "제 생각에 이 사고가 환경에 미친 영향은 그렇게 심각하지 않을 것 같습니다." 그 뒤로도 그는 계속 실언을 쏟아낸 끝에 서둘러 자리에서 물러나야 했다. 심지어 그는 한 인터뷰에서 이렇게 말했다. "수많은 사람의 삶에 큰 혼란을 끼친 점에 사과드립니다. 저만큼 이 사태가 조속히 마무리되기를 바라는 사람은 없을 겁니다. 빨리 제 삶을 되찾고 싶습니다."[2]

그동안 기업들에게 닥친 수많은 위기는 톰 스트릭랜드Tom Strickland
에게 끝없이 일거리를 제공해주는 역할을 했다. 그는 오랜 시간에 걸
쳐 검사, 정치인, 정부 관료 등의 경력을 밟는 동안 세상을 떠들썩하
게 만든 위기가 발생할 때마다 현장의 중심에서 상황을 지켜봤다. 딥
워터호라이즌 사고가 발생했을 때도 그는 내무장관 켄 살라자르Ken
Salazar의 수석 보좌관으로 근무하고 있었다. 또 그가 경력 초기에 콜
로라도주의 연방 검사로 부임하기 직전, 콜럼바인 고등학교 학생 에
릭 해리스와 딜런 클레볼드가 총을 난사해 학생 열두 명과 교사 한
명이 숨지는 사건이 벌어졌다. 스트릭랜드는 업무를 시작한 첫날 클
린턴 행정부의 법무장관 재닛 리노Janet Reno와 함께 범죄 현장을 방
문해 기자회견을 열었다.

그는 미국의 의료 서비스 그룹인 유나이티드헬스UnitedHealth에서
스톡옵션 날짜 소급 스캔들이 벌어졌을 때 법무 자문위원으로 위촉
되어 이 문제의 처리를 지원한 일을 포함해 다음과 같은 여러 유명
사건의 법률 고문 역할을 수행했다. 테라노스Theranos(실리콘밸리의
바이오 벤처기업. 피 한 방울로 수백 가지 질병을 진단하는 기술을 개
발했다고 주장했으나 거짓으로 판명 났다―옮긴이)의 혈액 진단 기술
에 심각한 문제가 있다는 사실이 폭로된 사건, 미국의 유통업체 타겟

Target에서 고객의 개인정보가 대량으로 유출된 사건(처음에 이 회사
는 4000만 명의 고객 정보가 새어나갔다고 발표했지만, 실제로는 1억
1000만 명의 고객이 피해를 본 것으로 드러났다), 콜로라도대학교에서
섹스와 술을 이용해서 고등학교 운동선수를 유치한 사건, 밴더빌트
대학교의 미식축구 선수 네 명이 이 학교 재학생을 성폭행한 사건 등
등. 스트릭랜드는 현재 법률회사 윌머헤일WilmerHale에서 파트너로 일
하고 있다. 많은 기업의 이사회와 CEO들에게 위기를 관리하는 법을
조언하는 것이 그의 역할이다. "정말 놀라운 일은 지금도 똑같은 실
수가 계속 저질러지고 있다는 겁니다." 스트릭랜드는 이렇게 말한다.

그가 목격한 리더들의 공통적인 문제는 바로 부인이다. 자기가 재
직 중인 회사에서 그런 위기가 발생했다는 사실을 부인하는 것이다.
그들은 회사와 자신을 옹호하기 위해 겹겹이 방어막을 구축하고 별
로 대수로운 문제가 아닐 거라는 희망적인 생각에 매달린다. 하지만
이 시기에는 리더가 생각 없이 내뱉은 한마디 말 때문에 그의 가장
소중한 자산(즉 자신에 대한 세상의 신뢰)이 돌이킬 수 없는 손상을 입
을 수 있다. "자기 잘못을 사과하기 싫어하고 책임을 지려 하지 않는
것이 인간의 본성입니다." 스트릭랜드는 이렇게 말한다. "당신이 알
고 있는 것이 무엇이고 알지 못하는 것이 무엇인지 겸손하게 인정하
는 일이 중요한 이유가 바로 그것입니다. 위기를 맞은 리더들이 저지
르는 가장 큰 실수는 자신이 확실히 알지 못하는 일을 섣불리 말하는
겁니다."

요컨대 이 시점에서 리더는 다음과 같은 일들을 수행해야 한다. 무

엇보다 문제의 진상을 신속하게 규명하는 데 전념하고, 고객·규제기관·직원·이사회·언론 등 조직 내외부의 이해당사자들과 투명하게 소통해야 할 것이다. 관련자에게 엄중히 책임을 묻는 일을 포함해서 앞으로 비슷한 문제가 재발하지 않도록 조치하겠다고 약속하는 것도 잊지 말아야 한다. 스트릭랜드가 위기에 빠진 리더들에게 자주 조언하는 말은 현실을 있는 그대로 받아들이라는 것이다. "지금 이 순간까지 어떤 일이 있었건, 앞으로 당신이 해야 할 일은 마치 바위에 새겨진 것처럼 분명합니다. 사실관계를 파악하고, 이에 맞춰 상황에 대응하는 게 당신이 통제할 수 있는 일의 전부라는 겁니다. 설사 받아들이기 불편한 사실이 있더라도 견뎌내야 합니다. 마치 당신이 의사를 찾아갔을 때의 상황과 비슷합니다. 의사의 입에서 나쁜 소식을 듣고 싶지 않겠지만, 당신의 건강에 어떤 이상이 있는지 모르면 더 큰 문제가 생깁니다."

앞 장에서 우리는 에포젠 위기를 맞은 케빈이 남의 말을 경청하는 사람이 되기로 결심한 뒤에 멀리서 들려오는 경고의 신호음을 더 잘 포착할 수 있게 됐다고 이야기한 바 있다. 그때의 상황을 조금 더 자세히 들여다보면 스트릭랜드가 제시한 위기관리의 여러 주제를 보다 생생하게 입증하는 사례로 삼을 수 있을 듯하다.

암젠에 위기가 발생한 초기에는 케빈 역시 다른 많은 리더처럼 '부인'의 함정에 빠져들었다. 케빈이 CEO로 취임한 지 7년 후인 2007년, 암젠은 탄탄대로를 걷는 듯했다. 그동안 이 회사는 생명공학 분야의 선두자리에 올랐으며, 얼마 전에는 시가총액이 1000억 달러를 돌파했다. 케빈의 얼굴이 〈포브스〉 표지를 장식했고, 암젠은 '올해의 기업'으로 선정되기도 했다. "그때는 나 자신과 회사에 꽤 자부심을 느꼈습니다." 이런 성공에 한몫을 한 제품이 주로 신장 투석 환자에게 투여되는 치료제인 에포젠이었다. 이 약품은 신장에서 만들어지는 당단백 호르몬의 일종으로 혈액 내에서 산소 운반을 담당하는 적혈구의 생성 촉진인자 에리스로포이에틴(EPO)을 유전공학적 기법으로 처리해서 제조한 제품이었다. 당시 15년 전에 FDA의 승인을 받은 이 약품은 수백만 명의 환자에게 투여되었으며, 매년 수십억 달러의 매출을 올리는 암젠의 효자 상품으로 자리 잡았다. 그러나 암젠이 큰 성공을 거둘수록 규제기관의 감시의 눈길은 더욱 강화되었고, 경쟁자들로부터 비난의 표적이 되었다. 그럼에도 케빈은 이 모두가 '길옆에서 새들이 짹짹거리는' 잡음에 불과하다며 대수롭지 않게 여겼다.

2007년 초가 되자 짹짹거리던 잡음은 갑자기 경고음으로 바뀌기 시작했다. FDA의 청문회에 참석한 어느 규제기관은 9년 전 암젠이 에포젠에 대해 실시하기로 약속한 추적 검사를 이행하지 않았다고 지적했다. 〈뉴욕타임스〉는 에포젠과 아라네스프Aranesp(에포젠과 비슷한 의약품으로 암 환자를 위한 빈혈 치료제)의 가격 체계 관련 기사를 1면 머리기사로 싣고, 암젠이 이 의약품들을 처방하는 의사들에게 많은 보상을 제공하고 있다고 폭로했다. 그런 와중에 FDA는 덴마크의 한 과학자가 에포젠을 고용량 투여할 경우 부작용이 나타날 수 있다고 주장한 연구 결과를 근거로, 소비자에게 해당 사실을 알리는 경고 라벨을 제품에 부착하라고 요구했다. 이런 과정을 거치며 암젠을 바라보는 세간의 시선은 급격히 달라지기 시작했다.

〈뉴욕타임스〉가 이 회사를 다룬 또 다른 기사는 이렇게 시작했다. "최근까지 암젠은 급성장 중인 생명공학 분야에서 가장 큰 성공 사례의 하나로 여겨졌다. 하지만 이제 일부 분석가들은 이 회사를 구태의연한 제품 포트폴리오에 의존하며 더딘 행보를 거듭한 끝에 결국 휘청대기 시작한 제약 산업의 거인에 비유한다. 일부는 스스로 자초했고, 일부는 예상치 못하게 발생한 수많은 문제가 그동안 호시절을 구가했던 이 회사를 27년 역사상 가장 큰 위기 속으로 몰아넣고 있다."[3]

암젠과 이 회사의 제품에 대한 신뢰도가 추락하면서 매출과 수익에서 수십억 달러의 손실이 발생할 가능성이 커지자, 케빈은 더 이상 부인 전략을 고수하는 것이 가능한 선택지가 아니라고 결론 내렸다. 기존의 방어적인 자세를 포기하기로 한 것이다. 그는 회사가 직면한 상황을 이사회에 상세히 보고했으며, 사태에 대한 통제력을 회복하기 위해 특별대책위원회를 구성했다. "우리는 행동에 나서야 합니다." 케빈은 위원회 멤버들에게 이렇게 말했다. "암젠은 과학에 기반을 둔 회사입니다. 그러나 세상이 항상 과학적으로 돌아가지는 않습니다.”

케빈이 경영진에게 회사가 위기에 빠졌다고 밝혔음에도 여전히 반신반의하는 사람이 많았다. 그들은 언론 매체에서 쏟아지는 거친 기사들이 곧 잠잠해지리라 낙관했다. 덴마크의 과학자가 지적한 에포젠의 부작용은 비현실적으로 높은 용량을 투여했을 때만 발생할 수 있는 문제라고 생각했다. 또 FDA는 늘 그렇듯이 괜한 엄포를 놓는 것이라고 여겼다. 암젠의 과학자들은 과학의 언어가 정치적 목적으로 왜곡되고 있다고 주장하며, 에포젠에 대한 조사는 자신들이 힘겹게 쌓아올린 신뢰를 정면으로 모욕하는 것이라고 믿었다. 회사 안에서는 과학자들과 영업부서가 서로에게 손가락질하며 책임을 떠넘기기 바빴다.

케빈은 완전히 바닥으로 추락한 느낌이었다. 그는 이 모든 문제의 책임이 자신에게 있고, 이 위기를 해결하는 일을 더 이상 부하직원들에게 맡길 수 없다는 사실을 비로소 깨달았다. 그는 이 문제를 스스로 짊어지기로 했다. “진정한 깨달음의 순간, 나는 그동안 벌어진 사태의 본질을 새롭게 인식하고 나 자신에게 이렇게 말했습니다. ‘케빈, 진짜 문제는 바로 너야. 너는 이 문제를 제대로 관리하지 못했고, 다른 사람들에게 그 책임을 떠넘기고 있어. 문제의 핵심은 바로 너였어. 너는 이 문제를 해결하는 과정에도 충분히 관여하지 않았어. 그동안 온갖 좋은 결과는 네 이름으로 차지했으면서도 정작 어렵고 핵심적인 질문을 진정으로 제기한 적이 없어. 너는 상황을 객관적으로 바라보지 못했어.’”

　그는 이미 벌어진 일의 책임 소재를 따지는 것은 아무 도움도 안 된다고 생각해 문제를 해결할 방법에만 전념하기로 했다. 암젠은 FDA가 이 사안에 과잉 반응한다는 사실을 과학적으로 입증할 수도 있었지만, 케빈은 그렇게 하더라도 이 규제기관의 행보가 달라질 가능성이 거의 없다고 판단했다. 그는 그날부로 FDA에 적극적으로 협력하기로 결심했다. 또한 에포젠의 매출 하락으로 재무적 충격이 불가피하다는 사실을 인정하고, 가장 큰 대주주들을 개별적으로 만나 이 사태가 초래할 영향을 설명했다. 그는 이 회사가 생긴 이래 처음으로 대규모 감원 계획을 발표하고, 비용 구조를 개선할 방법을 모색했다. 또 그는 여러 부서에서 일하는 일선 직원들을 찾아 나섰다. FDA와 직접 일하는 직원들을 만나 이 규제기관과의 관계에 어떤 문제 요소들이 있는지 파악하기 위해 노력했으며, 운영 부서 직원들과의 대화를 통해 암젠의 재무적 미래를 예상하는 데 도움이 되는 자신만의 예측 모델을 직접 구축했다. 또 이 사태에 대한 의사들의 피드백을 알아보기 위해 영업직원들과도 이야기를 나누었다. 그는 직원들과 투자자들 앞에서 줄곧 이런 주문을 외웠다. "우리는 이 위기가 닥치기 전보다 이를 극복하고 난 뒤에 더욱 강해질 것입니다."

　그중에서도 가장 큰 변화는 FDA와의 관계를 관리하는 방법이었을 것이다. 암젠은 규제기관들을 상대로 대관업무를 담당하는 조직을 확대하고, FDA가 암젠에 제기할 문제가 있을 경우 회사 경영진에게 더욱 쉽게 접근할 수 있도록 조치했다. 뒤늦게 깨달은 사실이지만, 암젠의 위기를 초래한 가장 큰 원인은 과학적 오만함이었는지도 모른다. 그들은 암젠은 여타 제약회사와는 다른 기업이라는 자부심이 강했고, FDA에 비해서도 자신들이 더 많은 것을 알고 있다고 믿었다. "이 정부 기관을 어쩔 수 없이 견뎌내야 하는 거추장스러운 조직(차량관리국처럼)으로 바라보기보다, 우리가 그 기관을 상대로 수행해야 하는 모든 일을 존중하기로 했습니다. 그곳에 근무하는 사람들도 나라를 대표해서 힘든 일을 하고 있는 훌륭한 시민입니다. 우리는 현실을 인정해야 했습니다."

✖ ● ✖

리더가 조직을 이끌고 위기를 헤쳐 나갈 때 참고해야 할 교본은 특별히 어려운 내용이 아니다. 하지만 막상 위기가 닥치면 그 교본을 실천에 옮기기는 매우 어렵다. 평소 마음속 깊이 새기고 있던 교훈도 위기의 순간에는 까맣게 잊어버리기 십상이다. 작은 배를 타고 풍랑이 몰아치는 바다를 항해하는 사람은 그 엄청난 위기에 압도된 나머지 배가 전복될 위험을 막는 항해 기법을 기억해내지 못한다. 하지만 위기의 순간에는 어떤 실수도 용납되지 않으며, 특히 초반에 저지른 실수를 만회하기는 거의 불가능하다. 케빈은 기업들을 대상으로 컨설팅 업무를 수행하는 과정에서, 갑자기 풍랑을 만난 고객들에게 종종 구원 요청을 받는다. 그럴 때마다 그는 다음과 같은 다섯 가지 조언을 제시하며 문제 해결을 돕는다. 당신이 위기를 헤치고 성공의 바다를 항해하기를 원한다면 이 기본적인 규칙들을 잘 지켜야 할 것이다.

>> 사실관계를 명확히 파악하라

때로는 위기가 발생한 원인을 정확히 규명하기가 어려울 수도 있다. 위기에 대한 사실관계는 취합하기도 어렵지만 이해하기는 더욱 어렵다. 그 상황과 가장 관련이 깊은 직원들(관리자가 아니라)과 직접 대화를 나누라. 당신의 팀이 제공한 정보를 바탕으로 어떤 일이 왜 생겼는지에 대한 가설을 수립하고, 지속적으로 사실관계를 파악해서 그 가설을 정교하게 가다듬으라. 위기가 발생한 현실을 부정하거나 희망 사항을 피력하고 싶은 강렬한 충동을 억누르고, 오직 드러난 것과 드러나지 않은 것을 구분하는 데 집중하라.

>> 빠르게 행동하라

그 위기로 인해 장·단기적으로 영향을 받을 사람은 누구인가? 그 위기가 초래할 폐해를 완화하고 관련자들의 피해를 줄이기 위해 즉각적으로 취해야 할 조치는 무엇인가? 이 사실을 누구에게 가장 먼저 설명해야 하는가? 당신이 직접 위기 현장에 모습을 드러내는 일은 사태 수습에 도움이 되며 꼭 필요한가? 소셜미디어와 기타 플랫폼에서 당신의 위기를 두고 어떤 이야기가 오가는지 잘 살펴보라.

>> 폭넓게 소통하라

정확하게 설명하고 행동하는 일이 무엇보다 중요하다. 당신이 모르는 일을 진실이라고 내세우지 마라. 겸손한 자세로 지금 이 순간 알고 있는 것을 솔직하게 공개하고, 새로운 사실관계를 파악하면 즉시 보고하겠다고 약속하라. 당신의 팀, 회사 전체, 이사회와 위기 상황에 대한 이해를 공유하라. 주주, 규제기관, 고객을 포함한 모든 이해당사자와 소통하라.

>> 문제의 근본 원인을 치료하라

일촉즉발의 상황을 어느 정도 진화했다면, 이제 위기를 초래한 근본 원인에 집중할 때다. 많은 경우 그것은 단순한 사건이나 실수 때문이 아니라, 연속적인 과실의 누적이나 조직의 중요한 부분에 결함이 발생했다는 문화적 신호의 산물이다. 현재 운영 중인 경영 프로세스를 면밀히 검토해서 당신의 조직에서 어떤 일이 장려되거나 용납되고, 또는 용납되지 않는지 파악하라. 그리고 필요하다면 이를 과감히 바꾸라. 앞으로 똑같은 위기가 반복되지 않을 거라는 확신이 들어야 당신은 밤잠을 이룰 수 있을 것이다.

>> 침착한 태도를 유지하고 자신감 있는 모습을 보여라

위기는 그동안 당신이 쌓아올린 명성을 직접적으로 훼손하고, 위기가 닥치기 전까지 이루었던 모든 훌륭한 업적을 일순간에 무너뜨리는 사건처럼 생각될 수 있다. 당신은 창문도 없는 작은 취조실에 갇혀 상사와 핵심 이해당사자들로부터 질문에 똑바로 대답하라고 강요당하는 느낌을 받을지도 모른다. 게다가 그들은 당신의 어떤 대답에도 의심의 눈길을 거두지 않을 것이다. 때로 다른 사람에게 도움의 손길을 요청할 수도 있겠지만, 조언의 내용은 저마다 다를 것이다.

그런 과정을 겪으며 이 세상에 나 혼자뿐이라는 느낌은 더욱 커진다. 하지만 그럴수록 침착하게 사실관계를 파악하는 데 집중하고 자신감과 겸손함을 잃지 않고 한 발자국씩 전진해야 한다.

위기는 리더가 통과해야 할 가장 혹독한 테스트다. 수많은 경영자가 이 관문을 통과하는 데 실패한다. 위기가 발생한 순간 당신의 조직에 내재된 약점이 만천하에 공개되고 확대될 것이다. 당신의 위기관리 능력이 얼마나 뛰어난지는 지금까지 조직을 어떻게 이끌었는지, 그리고 신뢰받는 리더로서 명성을 얼마나 견고하게 구축했는지에 의해 좌우된다. 그동안 당신이 쌓아올린 신뢰는 위기로 인해 일부 잠식되거나 참담하게 무너져 내릴지도 모른다. 반면 위기를 적절히 관리한다면 당신과 당신의 조직은 훨씬 강한 모습으로 다시 태어날 것이다.

당신은 리더십의
'이너 게임'을 습득할 수 있는가?

서로 모순되는 요구와 도전을 적절히 관리하라

호텔 업계에서 잔뼈가 굵은 베테랑 CEO 니키 리온다키스Niki Leondakis
는 대학교에 재학할 때부터 관리자로 일하기 시작했다. 매사추세츠
대학교 근처의 헝그리U라는 레스토랑에서 일하던 중에 교대 근무
조 책임자로 승진하면서였다. 그녀는 이 일자리를 진지하게 받아들
이고 열심히 일했지만, 그 역할을 수행하는 과정에서(그리고 대학교
를 졸업하고 처음으로 맡은 관리자 업무에서도 마찬가지로) 젊은 리더
들이 흔히 저지르는 실수의 함정에 빠져들었다. 즉 자기가 관리하는
직원들과 너무 친밀하게 지내다 보니 관리자와 직원 사이에 최소한
의 경계선이나 일정한 거리가 필요하다는 사실을 깨닫지 못했던 것
이다.

"내 생각에 사람들은 두 부류로 나뉘는 것 같습니다." 리온다키스
는 이렇게 말한다. "난생처음으로 관리자나 상사가 되었을 때 이 균
형점의 위치를 정확히 파악하는 사람은 매우 드뭅니다. 예전의 나 자

신을 포함해 그동안 만난 모든 젊은 리더는 시계추의 양쪽 극단을 오가는 모습을 보였습니다. 자신에게 주어진 권력에 과도하게 집착하거나, 반대로 이렇게 말하는 거죠. '나는 모든 사람의 친구이므로 직원들이 나를 좋아해주기를 바랍니다. 그들이 나를 좋아한다면 내가 요청한 일을 잘 들어줄 것이고, 그 뒤로는 모든 일이 수월해질 겁니다.'"

그 뒤 본격적으로 사회 경력을 쌓기 시작한 그녀는 자신이 목격한 많은 남성을 본받아 예전에 비해 훨씬 엄격하고 권위적인 관리 스타일을 받아들였다. 성공적인 리더십이란 바로 그런 접근방식을 의미한다고 여겼다. "1980년대 초반에는 여성들이 사회에서 동등한 대우를 받고 성공하기 위해서는 남성처럼 옷을 입고, 남성처럼 행동하고, 강인한 정신력과 어려운 결정을 내릴 수 있는 결단력을 갖춰야 한다는 생각이 일반적이었습니다." 그러던 중 그녀가 시계추의 양쪽 극단 사이를 너무 멀리 왕복했다고 깨닫는 순간이 찾아왔다. 자신이 좋아하고 평소 칭찬하던 어느 팀원을 징계해야 하는 상황에 처했던 것이다. 리온다키스의 상사는 그녀가 직원들과 대화를 나누는 것을 어려워한다는 사실을 눈치채고 이렇게 조언했다. "진정한 나 자신이 되어야 상대방에 대한 공감을 바탕으로 대화에 임할 수 있어요."

"눈이 번쩍 뜨이는 깨달음의 순간이었습니다." 리온다키스는 이렇게 말한다. "완고함과 결단력을 포함해 내게 필요하다고 생각했던 그모든 자질과 특성은, 내가 남들에게 공감하지 못한다는 사실을 의미할 뿐이었습니다. 상대방에 대한 공감 능력과 책임의식 사이에서 균형을 잡는 일은 내게 전혀 새로운 경험이었습니다. 다시 말해 항상꾸밈없는 나 자신의 모습으로 진솔하게 부하직원을 대한다면, 그들에게 인간적 공감을 드러내는 것과 업무적 책임을 요구하는 것 사이에서 균형을 잡을 수 있다는 사실을 깨닫게 된 겁니다. 그 두 가지는상호 배타적이지 않습니다. 내가 양자 사이에서 중심을 잡고 나의 가치를 진정으로 추구하는 법을 익히기까지는 10년이라는 세월이 걸렸습니다."

✖ ● ✖

훌륭한 리더가 되는 일에 도전한다는 말은 우리가 지금까지 살펴본여러 능력('단순한 계획'을 수립해서 구성원들과 공유하고, 강력한 기업문화를 바탕으로 고성과 조직을 구성하고, 혁신을 주도하고, 남의 말을경청하는 시스템을 구축하고, 위기를 관리하는 능력)을 습득하기 위해길고 가파른 학습곡선을 오르는 것을 의미한다. 우리 두 저자가 축적한 삶의 경험, 기업의 고위 임원들에게 컨설팅을 제공한 경력, 그리고 수백 명의 리더를 인터뷰해서 얻어낸 통찰 등을 바탕으로 정리한이 테스트는 리더들이 각자의 역할을 수행하는 과정에서 성공과 실패를 가르는 중대한 갈림길이 될 것이다.

그런 의미에서 우리가 지금까지 집중한 주제가 훌륭한 리더가 되기 위해 '어떤 일을 해야 하느냐'에 관한 것이었다면, 이 마지막 장에서는 리더십의 '이너 게임inner game'(인간의 잠재력 표출을 방해하는 내면적 장애물을 제거하는 일-옮긴이)에 초점을 맞춰 당신이 '어떤 사람이 되어야 하느냐'로 논의의 방향을 바꾸려고 한다.

이 게임에서 승리해 리온다키스를 포함한 다른 많은 리더가 이야기한 그 '균형점'에 도달한 사람은 우리가 앞서 논의한 모든 도전에 더욱 성공적으로 대응할 수 있을 것이다. 반면 당신이 이 내적 게임에서 좋은 결과를 거두지 못했다면, 그 자체로 당신이 리더로서 궤도를 벗어났다는 의미는 아니지만 앞으로 당신의 직무가 정서적·물리적 부담으로 작용함으로써 삶의 다른 부분에까지 부정적인 영향을 미칠 가능성이 크다.

인정하고 싶은 사람은 별로 없겠지만(친한 친구나 가족 앞에서는 예외로) 리더십은 매우 익히기 어려운 기술이다. 언제 나타날지 모르는 갖가지 돌발 변수에 맞서 조직을 이끌어야 하는 리더들은 익숙한 접근방식에만 집착하기 쉽다. 심지어 그것을 자기가 독자적으로 개발한 리더십 스타일이라고 여기며 남들에게도 받아들일 것을 요구한다. 하지만 강압적이고 독선적인 리더십을 고집하는 사람들은 곧 세상이 자기 뜻대로 돌아가지 않는다는 사실 앞에 좌절한다. 그들은 애매모호하고 모순투성이의 리더십 세계에 불안감을 느낀 나머지 기존의 방식만을 고집하다 결국 모든 사람에게 미움을 받는 형편없는 관리자로 전락한다. 남의 말에 귀를 닫고, 타인을 배려하지 않으며, 자기가 원하는 대로 따라주지 않는 직원들에게 불같이 화를 내는 리더가 되는 것이다. 그런 접근방식은 특정한 상황에서 단기적으로 성공할지 모르지만, 대부분의 경우에는 실패하고 만다. 얼마 뒤에는 재능이 뛰어난 인재들이 모두 그를 떠날 것이다.

그런가 하면 세상에는 불가사의할 정도로 온화하고 총명하고 자신감에 넘치는 리더도 많다. 그들은 자신이 모든 문제에 대해 해답을 찾아냈다고 주장하지 않으며, 사실 그 답이 자신에게 없다고 가장 먼저 인정하는 사람들이다. 하지만 이 성공적인 리더들이 밝힌 리더십 전략과 핵심 교훈들을 통해 우리가 분명히 알 수 있는 사실은, 그들이 리더십의 핵심 문제 해결을 위한 균형점에 도달하기까지 (리온다 키스처럼) 오랫동안 수많은 방식을 시도했으며, 그 결과 리더가 된다는 것이 무엇을 의미하는지 확실히 이해하게 되었다는 것이다.

제임스 해킷James Hackett은 39세라는 젊은 나이로 사무용 가구회사 스틸케이스Steelcase의 CEO가 되었을 때 이 중요한 교훈을 배웠다. 그가 거의 20년 동안 그 자리를 지킬 수 있었던 비결이다. 그는 이 회사의 CEO로 근무하는 동안 기업문화를 전면적으로 쇄신해서 폐쇄적인 작업장 환경을 보다 개방적인 공간으로 전환시킨 데 대해 큰 찬사를 받았다. 그는 CEO에 취임하고 얼마 뒤에 메리어트인터내셔널의 CEO 빌 메리어트Bill Marriott를 소개받았다(그는 이 회사의 CEO로 무려 40년 동안 근무한 인물이다). 나중에 포드자동차로 자리를 옮겨 3년 동안 근무한 해킷은 메리어트를 만난 순간을 다음과 같이 회고했다.

전략에 관해 대화를 나눌 때 나는 그의 눈을 보며 깊은 인상을 받았다. 그는 자기가 누군지 분명히 알고 있다는 느낌이 들었기 때문이다. 나도 리더로서 그런 자질을 갖추고 싶었다. 내가 누군지, 여기서 무슨 일을 하고 있는지 확고히 인식하는 능력이 부러웠던 것이다. 나는 집으로 돌아가는 비행기에서 창밖을 내다보며 깊은 생각에 잠겼다. 이 자리에 오른 지 6~7개월이 지났지만 나는 여전히 정체성의 혼란을 겪고 있었다. CEO는 남들에게 어떻게 비춰지고 어떤 느낌을 주는 사람이어야 하는가? 그런 사람이 되려면 어떤 자질을 갖춰야 하는가? 내가 빌 메리어트의 눈을 바라보며 깨달은 사실은, 나는 바로 나 자신이 되어야 한다는 것이었다.

우리 회사의 사업은 사무용 가구를 판매하는 일이었기 때문에, 그날 이후로 대기업을 경영하는 거의 모든 CEO를 만났다. 내게 가장 깊은 인상을 준 리더들은 스스로를 포장하지 않는 사람들이었다. 그들은 평온함의 느낌으로 충만했으며, '나는 내가 누군지 잘 압니다'라고 말하는 듯 자기 인식이 확고했다.

그런 평온함과 자기 인식에 도달하기 위해서는 무엇이 필요할까? 물론 가장 훌륭한 스승은 직접적인 경험이다. 그러나 우리가 이 책에서 추구하는 목표는 수백 명의 리더가 힘겹게 얻어낸 교훈과 통찰을 독자들과 공유함으로써, 리더십의 학습곡선을 여러분 각자의 노력에 비해 더욱 빠르고 높은 수준으로 끌어올릴 수 있도록 돕는 것이다. 리더십의 '이너 게임'을 습득하는 데 가장 중요한 사고의 틀은 리더십의 영역에 존재하는 수많은 역설을 포용하는 것이다.

그 역설 중의 일부는 앞에서 몇 차례 언급한 바 있으며, 나머지는 이 장에서 살펴볼 것이다. 리더십의 영역에 존재하는 수많은 조언을 이해하기 위한 첫 번째 단계는 리더십이 모순적이고 상충되는 요소들로 가득하다는 사실을 받아들이는 것이다. 어떤 전문가는 '선두에 서서 조직을 이끌라'고 권하는 반면, 다른 사람들은 '뒤에서 묵묵히 뒷받침하는 것'이 가장 훌륭한 접근방식이라고 말한다. 또 리더십의 핵심은 자신감이라며 "직원들에게 쩔쩔매는 모습을 보이지 말라"고 주장하는 사람도 있지만, 가끔은 약한 모습을 보이는 것도 필요하다고 조언하는 사람도 있다. 새롭게 리더의 역할을 맡은 사람은 상황의 긴급함에 대해 주의를 환기하고 리더의 영향력을 보여주기 위해 빠른 의사결정을 내려야 한다고 권하는가 하면, 혹자는 참을성을 발휘해서 남의 말을 경청하고 문제의 본질을 진정으로 이해해야 한다고 충고한다. 앞서 언급한 바와 같이 특정한 접근방식을 만병통치약처럼 무작정 따르는 것은 위험하다. 리더십의 핵심 측면을 이해하기 어려운 이유는 이를 구성하는 요소들이 서로 모순적이기 때문이다. 이것이 정답일까, 또는 저것이 정답일까? 많은 경우 둘 다 정답일 수 있다. 다시 말해 리더들은 그때그때 구체적인 상황에 따라 이쪽 또는 저쪽을 유연하게 선택해야 한다. 일대일 면담이나 팀 회의는 그 순간에 맞춰 상대를 압박할지 아니면 조금 물러설지, 자신의 의견을 밀어붙일지 또는 상대를 이해하는 태도를 취할지, 자신 있게 낙관론을 피력할지 혹은 문제의 심각성을 강조할지 적절히 판단해서 진행할 필요가 있다. 마치 스키를 타는 것과 비슷하다. 스키를 타는 사람은 지형이나 환경에 따라 이리저리 자세와 방향을 바꾸며 균형을 잡는다.

그런 의미에서 사티아 나델라가 2014년 초 마이크로소프트의 CEO로 발탁된 뒤에 보여준 균형 잡힌 행보를 생각해보라. 그는 22년간 이 회사에서 근무한 '내부자'로서 조직의 혁신을 주도할 임무를 띠고 CEO의 자리에 올랐다. 마이크로소프트 이사회는 나델라가 과거의 전통, 특히 회사의 발전을 저해하고 폐쇄적인 조직문화를 부추기고 회사의 주가를 10여 년 이상 제자리에 묶어둔 문화적 장애물을 과감히 척결해주기를 기대했다. 하지만 그는 새로운 출발의 불가피성에 대해 모든 사람을 납득시키면서 동시에 빌 게이츠와 스티브 발머라는 전직 CEO가 포함된 마이크로소프트의 이사회를 위해 일해야 하는 입장이었다. 이 두 사람은 나델라가 해결해야 할 조직의 문제를 일부 양산하는 데 어느 정도 역할을 담당하기도 했다. 그는 어떻게 과거의 전통에 존경을 표하는 한편 전면적인 혁신의 당위성을 역설할 수 있었을까?

　다행히 나델라는 그런 민감한 문제를 다루는 데 능숙했다. 그는 게이츠와 발머가 참석한 첫 경영진 회의에서 이런 문장으로 연설을 시작했다. "우리가 속한 산업 분야에서는 전통이 그다지 큰 존경을 받지 못합니다. 더욱 존경받는 것은 바로 혁신입니다."[1] 그는 게이츠에게 마이크로소프트가 걸어온 혁신의 역사를 바탕으로 향후 더 많은 시간을 투자해서 기술적 조언자의 역할로 자신을 도와달라고 부탁했다. 또 그는 CEO에 오른 첫 번째 달에 이렇게 말했다. "오직 빌 게이츠만이 가능한 놀라운 일 중의 하나는 그가 모든 사람에게 최고의 성과를 이끌어낼 수 있는 에너지를 부여한다는 겁니다." 이후 마이크로소프트는 시가총액 1조 달러를 향한 행진을 시작했다. 38달러에 머물고 있던 주가는 우리가 이 책을 저술하는 시점에 200달러를 돌파했다. 조직의 내부자도 혁신을 주도할 수 있다는 사실을 입증해 보인 나델라는 오직 성공적인 CEO들만이 가입할 수 있는 소규모 클럽의 멤버가 되었다(디즈니의 밥 아이거도 그 클럽의 멤버다).

　우리는 앞에서 리더십의 역설에 관한 몇 가지 사례를 살펴봤다. 가령 당신이 현재의 사업을 최적화하기 위해 애쓰는 상황에서도, 기존의 비즈니스 모델을 전면적으로 파괴해서 미래에 대비할 방법을 모색해야 한다는 것이 그 모순 중의 하나다. 아래에 소개하는 일곱 가지의 또 다른 역설은 리더가 훌륭한 의사결정을 내리고 자신에게 의지하는 사람들을 효과적으로 이끌기 위해 반드시 숙지해야 할, 말하자면 리더의 삶에 특화된 모순들이다.

당당하게 겸손하라

리더에게 확고한 비전이 필요한 이유는 직원들과 주주들이 조직에 자신감을 불어넣는 리더를 원하기 때문이다. 자신감은 진정성과 신뢰가 가장 건실한 형태로 표출된 모습이다. 과거 이룩한 실적, 즉 당신이 발휘한 훌륭한 판단력과 타인에게 제공한 확신에서 비롯되는 것이다. 그러나 자신감이 오만함으로 변질되어서는 안 된다. 이를 방지하는 가장 효과적인 보호 장치는 바로 겸손함이다. 다시 말해 당신은 회사가 추구하는 어떤 목표든 이를 달성하기가 쉽지 않고, 다양한 리스크를 동반하는 데다, 실패의 가능성이 존재한다는 사실을 조직 구성원들 앞에서 인정해야 한다.

"언제나 지나친 낙관론과 자만심에 사로잡힌 리더는 위험합니다." 아리엘인베스트먼트Ariel Investment의 설립자 겸 공동 CEO인 존 로저스 주니어John W. Rogers Jr.는 이렇게 말한다. "우리에게는 적당히 겸손하고 자신의 실수를 솔직히 해명하고, 모든 문제의 해답을 알고 있다고 큰소리치지 않는 리더, 그리고 조직과 개인의 장단점을 인정하고, 늘 장밋빛 렌즈를 통해 사물을 바라보지 않는 리더가 필요합니다."

긴급함을 추구하고 인내심을 발휘하라

이 역설의 본질을 정확히 이해하는 리더들은 현재, 가까운 미래, 그리고 먼 미래에 수행해야 하는 일을 균형 있게 조율하는 데 많은 시간을 보낸 사람들일 것이다. 이 작업에는 지속적인 속도 조절의 능력뿐만 아니라, 비즈니스 세계에는 맑은 날과 흐린 날이 교차하기 마련이라는 사실을 받아들이는 자세가 필요하다. 다시 말해 당신은 리더로서 조직의 목표를 신속히 달성해야 한다는 압박 속에서도 일의 전후 맥락과 근거를 주위 사람들에게 충분히 설명하고 적절한 프로세스와 자원을 확보하기 위해 업무 속도를 적절히 조절해야 한다. 물론 조직의 행보가 너무 뒤처질 경우 경쟁자들에게 추월당할 위험성도 있다.

"당신의 강점은 경력의 어느 시점에 약점으로 바뀔 수도 있습니다." 소매산업 전문 컨설팅 기업 데이몬월드와이드Daymon Worldwide의 전 CEO 칼라 쿠퍼Carla Cooper는 이렇게 말한다. "나는 언젠가부터 다른 사람들을 통해 업무 목표를 달성하기 위해서는 직원들이 스스로 동기부여하도록 조언하는 방법을 찾아야 한다고 생각하게 됐습니다. 그러나 이 과정에는 많은 인내와 시간이 필요합니다. 내가 말하는 인내란 팀원들에게 공격적이고 강압적인 태도로 업무를 지시하지 않는 일을 의미합니다. 직원들에게 참을성을 발휘하는 일과 때로 그들에게 이렇게 말해야 하는 상황 사이에서 균형을 잡는 일은 언제나 어렵습니다. '이곳이 우리가 오를 산입니다. 이 지점이 우리가 건고 있는 길입니다. 그리고 이것이 여러분이 해야 하는 일이며, 이것이 그 일을 해야 하는 이유입니다.' 그 균형점에서 마법이 일어나기 시작합니다."

공감하고 요구하라

리더는 직원들에 대한 기대치를 가능한 한 높게 설정한다. 그러나 조직을 구성하는 가장 중요한 요소가 다름 아닌 사람이라는 사실을 이해하는 리더라면, 높은 실적에 대한 요구와 직원들에 대한 공감 능력 사이에 균형을 맞출 수 있어야 한다. 직원들은 용병보다 자원봉사자로 대접받을 때 더 업무 능력을 발휘하는 경향이 있다. 모든 사람의 삶에는 저마다 어려운 부분(몸이 편찮으신 부모님, 학교에서 어려움을 겪는 아이들, 위기에 빠진 결혼생활 등)이 존재하기 때문에, 경우에 따라서는 다음 분기의 목표 달성을 두고 냉정한 대화를 나누기보다 직원들의 상황을 이해하고 그들을 다독여줄 필요가 있다. 상대에게 연민을 보인다는 말은 반드시 부드러운 태도로 대한다는 뜻이 아니다. 그보다는 우리 모두가 인간이라는 사실을 인정하라는 것이다. 어느 때 직원들을 밀어붙이고 언제 공감하는 태도를 보일지 균형을 잡는 것은 그리 쉬운 작업이 아니지만 꼭 필요한 일이다.

생명보험 회사 푸르덴셜파이낸셜Prudential Financial의 최고인사책임자 루시엔 알지아리Lucien Alziari는 이 역설을 십분 감안해서 자신의 팀에게 피드백을 전달한다. "나는 직원들에게 직설적으로 말합니다. 나 자신이 '엄격한 사랑' 속에서 성장한 사람이기 때문에 당신들도 엄격한 사랑을 경험하게 될 거라고요. 직원들은 이 말에 함유된 두 가지 상반된 의미를 기억하는 일이 중요합니다. 그들이 내게서 오로지 '엄격함'만을 경험한다면 달의 한쪽 면만 보는 것과 똑같을 테니까요. 나는 그들에게 무엇이 최선의 이익인지 누구보다 잘 압니다. 내가 이런 방식으로 피드백을 전달하는 이유는 오직 직원들을 믿고 그들이 지금보다 더 나은 사람이 되기를 바라기 때문입니다."

낙관적이면서 현실적으로 사고하라

리더들은 낙관적인 사고방식을 바탕으로 조직의 목표를 달성하는 데 필요한 에너지와 열정을 창조할 의무가 있다. 하지만 그들에게는 성공의 착륙 지점을 최대한 폭넓게 확보함과 동시에 목표를 추구하는 과정에 수반되는 위험 요소들을 공유하고, 긴급 사태에 대비한 계획을 수립하고, 성과가 기대치에 미치지 못할지 모른다는 경고의 메시지를 보내는 균형 조절 작업이 필요하다. 그렇다면 직원들에게 회사의 문제를 얼마나 투명하게 공개해야 할까? 당신은 직원들이 늘 정신적으로 고무된 상태에서 장기적인 목표에 집중하기를 원할 수도 있지만, 조직의 부정적 측면을 너무 많이 노출할 경우 너도나도 새로운 일자리를 찾아 떠날지도 모른다. 그렇다고 나쁜 소식을 전혀 공개하지 않는 것도 금물이다. 회사에 닥친 도전을 직원들과 공유하면 문제를 해결하는 데 큰 도움이 될 수 있다. 가장 좋은 접근방법은 조직이 직면한 중대한 도전이 무엇인지 직원들에게 솔직히 알리고 (가능하면 그 문제를 어떻게 해결할 계획인지도 발표하고), 그들이 문제를 너무 심각하게 받아들이지 않도록 적절히 수위를 조절하는 것이다.

기업용 소프트웨어 플랫폼 업체 아피리오Appirio의 전 CEO 크리스 바빈Chris Barbin은 이렇게 말한다.

투명성을 발휘하는 데 정말 능숙한 리더는 그리 많지 않은 것 같다. 어떤 의미에서 투명성이란 회사가 재무적인 어려움에 처했을 때 그 사실을 직설적이고 단도직입적으로 공개하는 것을 뜻할 수 있다. 조직을 일시적인 어려움이나 부정적인 환경에서 탈출시키기 위해 당신이 택할 수 있는 유일한 방법은 모든 일에 투명성을 유지하는 것이다. 우리의 앞길에 빨간불이 켜졌다고 솔직히 말하라. 현재의 상황을 노란색 불이나 초록색으로 포장하지 말고 당당히 빨간불이라고 밝히고 모든 사람이 새로운 목표를 향해 노를 저어가게 만들어야 한다. 회사가 처한 위기를 솔직하게 털어놓는 일은 애써 덮고 포장하는 일에 비해 장점이 훨씬 많다. 그중에서도 가장 긍정적인 측면은 직원들에게서 높은 수준의 신뢰, 존경, 지원을 얻을 수 있다는 것이다. 모든 일이 항상 완벽하고 올바르게 돌아가야 한다고 기대하는 것은 잘못된 사고방식이다. 비즈니스의 세계에서는 오늘 행복한 대화가 이루어지다가 다음 분기의 첫날에 느닷없이 감원 정책이 발표되는 일이 너무도 흔하다. 그럴 경우 직원들의 신뢰, 존경심, 충성도는 순식간에 날아갈 수 있다.

날씨를 파악하고, 날씨를 창조하라

5장에서 살펴본 바와 같이 성공적인 리더들은 모든 계층의 직원이 무엇을 생각하고 무엇을 말하는지 알아내기 위해 효과적인 청취 시스템을 구축한다. 이는 조직 전체의 분위기를 읽어내는 능력, 그리고 사람들의 몸짓 언어에 담긴 비언어적인 신호를 포착함으로써 사내에 흐르는 미묘한 정서를 파악하는 기술을 습득하는 것을 의미한다. CEO는 부하직원들과 회의를 하고, 복도를 걸어 다니고, 매장과 공장을 방문할 때 현장의 분위기를 감지해야(즉 '날씨를 파악해야') 한다. 그와 동시에 자신이 사내의 '날씨를 창조하는 데' 중요한 역할을 수행한다는 사실을 인식할 필요가 있다. CEO가 내뿜는 에너지와 몸짓 언어가 종종 조직의 분위기를 좌우하기 때문이다.

보안업체 아테나시큐리티Athena Security의 CEO 리사 팔존Lisa Falzone 은 리더가 직원들의 사기에 관심을 기울여야 하지만, 그 문제에 지나치게 좌우되어서는 안 된다고 말한다. "당신이 항상 집중해야 하는 것은 회사의 비전, 그리고 모든 사람이 달성하기 위해 노력하고 있는 목표입니다. 주위의 일에 너무 민감하게 반응하면 목표가 궤도를 벗어날 수 있습니다. 당신은 직원들 앞에서 항상 침착한 태도를 보여야 합니다. 리더가 스트레스를 받을 경우 직원들은 금방 눈치채고 순식간에 영향을 받게 됩니다. 따라서 나는 스트레스를 받는 순간이 찾아오면 이를 드러내지 않도록 조심하고 기분이 가라앉을 때까지 방 안에서 잠시 시간을 보냅니다. 처음에는 나 역시 그 사실을 깨닫지 못했지만, 조직의 분위기를 결정하는 것은 바로 당신입니다."

"당신은 직원들 앞에서 항상 침착한 태도를 보여야 한다. 당신이 스트레스를 받고 있다면, 직원들은 금방 눈치채고 순식간에 영향을 받는다."

– 리사 팔존, 아테나시큐리티 공동 설립자 겸 CEO

자유로운 분위기 속에서 체계적인 조직 구조를 구축하라

이 역설 속에서 어떻게 균형을 잡을 것인지는 리더가 종사하고 있는 일의 특성에 따라 달라진다. 가령 원자력 발전소에 근무하는 기술자나 외과수술을 집도하는 의사에게는 작은 실수도 용납되지 않는다. 따라서 그런 사람들이 속한 조직의 문화는 자유롭기보다 체계적이고, 창의성이나 즉흥성보다 안전과 엄격한 규정 준수를 요구할 것이다. 반면 광고업계나 TV 방송 분야에서는 새로운 아이디어에 대한 요구가 높으므로 어느 정도의 혼란을 허용하는 편이다. 대기업들은 이 두 요소를 모두 포용하는 경우가 대부분이다. 제조 부문에서는 규정된 프로세스에 따라 엄격하게 생산이 이루어져야 하지만, 마케팅 부서에서는 자유롭고 참신한 아이디어를 독려한다. 리더들은 조직 구성원들에게 약간의 비생산적인 시간을 허용함으로써, 생산성이 없어 보이는 브레인스토밍도 기꺼이 실시하고 가능성이 희박한 아이디어도 폭넓게 검토해야 한다. 이때 유념할 사항은 직원들이 자유롭게 대화를 나누도록 독려할 때와 자신이 개입해서 논의의 방향을 바로 잡아야 할 때를 확실히 구분해야 한다는 것이다. 미디어 그룹 디스커버리Discovery Inc.에서 글로벌 콘텐츠 사업부 사장을 역임한 마저리 캐플런Marjorie Kaplan은 다음과 같이 말한다.

모든 조직은 자기 검열적인 성향을 보인다. 성장에만 정신이 팔린 기업들은 창의성 개발에 필수적이라고 할 수 있는 '혼란스러움'의 상태에 인내심을 발휘하지 않는다. 물론 조직이 늘 혼란 속에 빠져 있는 상황을 원하는 사람은 없겠지만, 그렇다고 항상 일사불란하게 운영되어서도 안 된다. 진정한 의미의 창의성은 혼란스러움을 인내하는 능력, 그리고 혼란으로부터 도출된 아이디어에 대해 적절한 의사결정을 내리고 이를 바탕으로 조직의 발전을 체계적으로 도모하는 역량으로부터 나온다. 그동안 혼란스러움을 견뎌내는 내 능력도 많이 발전했다. 창의성은 두렵고 무질서해 보일 수 있다. 하지만 당신이 현재 수행 중인 일에만 매달린다면 약간의 개선은 가능하겠지만, 게임의 판도를 바꿀 획기적인 아이디어를 도출하지는 못할 것이다. 따라서 당신은 말이 안 되는 아이디어라도 과감히 시도해볼 방법을 찾아내고, 일부 직원을 일정 시간 자유롭게 방치해두어야 한다. 그것이 바로 아이디어가 도출되는 프로세스이기 때문이다. 그 후 방치한 직원들을 언제 다시 불러들일지 결정해야 한다.

✖ ● ✖

이제 리더십의 마지막 역설을 이야기할 때가 됐다. 가장 훌륭한 리더는 이타적이다. 즉 나 자신보다는 내가 이끄는 직원들과 조직의 성공을 위해 어떤 일을 해야 할지에 더 관심을 기울인다. 하지만 이타적인 리더가 되려면 먼저 자기 자신을 보살피는 법을 알아야 한다. 그렇지 않으면 정신적·육체적 에너지를 소모해 남들을 돕는 능력에도 지장이 초래되기 때문이다. 요컨대 리더십의 '이너 게임'에서 승리하고자 하는 사람은 다음 질문들에 답할 수 있어야 한다.

당신은 리더로서 권력을 과시하거나 부풀리고 싶은 에고를 적절히 제어함으로써, 지나친 자만심을 억제하고 남에게 환영받지 못하는 소통 방식을 피할 수 있는가? 당신은 주위의 끝없는 요구, 세간의 기대에 부응해야 한다는 중압감, 자신이 내린 의사결정의 결과 등에 대한 스트레스를 극복할 수 있는가? 당신은 심적으로 혼란스러운 상황에서도 항상 침착한 모습을 유지할 수 있는가? 당신은 자신에게 막중한 기대를 걸고 있는 수많은 그룹과 날마다 진행하는 회의에 늘 최고의 컨디션으로 임할 수 있도록 체력을 기르고 있는가? 당신은 당장의 수많은 요구와 압박에서 벗어나 조용히 내일을 구상하는 시간을 갖고 있는가? 당신은 지적·문화적 성장을 게을리하지 않음으로써 스스로 영감을 얻고 다른 사람에게도 영감을 줄 수 있는가? 당신은 다른 아무런 의도도 없이 순수하게 당신을 도울 사람, 또 당신의 아이디어에 대한 믿을 만한 자문역이 되어 당신의 말을 들어줄 사람을 찾을 수 있는가? 당신은 건강관리를 철저하게 하고 있는가?

이런 압박은 CEO들에게 특히 심하게 작용하지만, 리더의 역할을 맡은 사람이라면 누구를 막론하고 어느 정도 경험할 것이다. 그런 스트레스를 극복하기 위해 그동안 많은 리더가 채택한 몇 가지 접근방식을 소개한다.

스트레스를 인정하고 받아들여라

리더들이 자주 빠지는 함정 중의 하나는 자신은 일 때문에 스트레스를 받지 않는다고 장담하는 것이다. 많은 사람이 이렇게 말한다. "나는 항상 스트레스와 마주하고 있어. 나는 스트레스를 사랑해. 스트레스는 내 점심식사야." 반면 스트레스 앞에서 쉽게 굴복해버리는 사람도 있다. "그건 내 직업의 일부지. 스트레스에 대해 내가 할 수 있는 일은 없어." 그들은 마치 위험한 곳에서 급류 타기를 하며 배가 뒤집어지지 않도록 안간힘을 쓰는 것 같다. 어떤 사람들은 자신을 추스르기 위해 아예 일을 중단하는 길을 택한다. "모든 일을 멈춰야겠어. 오래 걸리지는 않을 거야. 일주일 정도 휴가를 다녀오면 좀 나아지겠지."

이런 종류의 접근방식은 효과가 없다. 스트레스는 누적된다. 즉 잠시 왔다 사라지는 것이 아니라 한 번 찾아올 때마다 겹겹이 쌓이는 성질이 있다. 일이 순조롭게 돌아갈 때도 마찬가지다. 여기에다 업무에서 필연적으로 발생하는 크고 작은 문제들도 가세한다. 극도의 스트레스를 중화시키는 데 가장 이상적인 환경은 가정의 평화로운 분위기일 것 같지만, 요즘은 그것도 쉽지 않다. 현대인에게 일과 삶의 균형은 이미 완전히 어긋난 상태다. 모든 사람이 일터와 집에서 동시에 스트레스를 받는다. 시간이 지날수록 누적된 스트레스는 인간의 감정적·물리적 에너지를 고갈시키고 회복력을 바닥까지 끌어내린다. 당신의 목표는 매일 최고의 컨디션으로 일터로 향하는 것이겠지만, 스트레스가 당신을 목표와 정반대 방향으로 밀어낸다. 현대인은 마치 고장 난 자동차와 같다. 연료는 바닥을 보이고, 두 개의 실린더는 작동을 멈췄으며, 브레이크는 말을 듣지 않는다. 이런 상태라면 앞으로 나아가는 일이 전혀 불가능하지는 않더라도, 속도를 내기는 어려울 것이다.

"당신이 등에 짊어지고 있는 책임의 양은 상상을 초월합니다." 액센츄어Accenture의 전 회장 겸 CEO 윌리엄 D. 그린William D. Green은 이렇게 말한다. "당신이 유독 순교자 같은 존재라서가 아닙니다. 비즈니스의 세계에서는 너무도 흔한 일입니다. 지구상에는 1년 365일 무슨 일이 벌어집니다. 전 세계에서 근무하는 직원들과 그들의 가족에 대해 당신이 느끼는 책임감은 엄청납니다. 나 역시 뭔가 책임지는 일을 좋아하는 사람이지만, 그로 인해 발생하는 정신적 압박감은 견디기 어렵습니다. 수많은 사람의 생계가 내 손에 달려 있다는 심적 부담은 말할 수 없이 막중합니다. 나는 경력 초기에 스스로의 삶도 돌보기 어려워했던 젊은이였지만, 이제는 수만 명의 직원이 오직 나만 바라보고 있는 상황입니다. 그런 입장에 익숙해지기까지는 적지 않은 시간이 걸렸습니다."

에고를 억누르라

사람들은 높은 자리로 올라갈수록 그 위치에 걸맞은 티를 내려고 한다. 리더의 에고가 한껏 부풀어 있음을 알리는 가장 흔한 신호는 아무리 소규모 조직을 이끄는 사람이라도 대화할 때 '내 직원'이라는 표현을 쓰는 것이다. 또는 자기 회사를 지칭할 때 '우리'라는 말 대신 '나'라고 쓰는 리더도 적지 않다. 이제 자신이 조직의 성공을 홀로 책임지게 됐다고 생각하는 것이다. CEO 옆에는 그를 지원하기 위해 항상 많은 사람이 포진해 있다. 산업 분야의 콘퍼런스가 열릴 때마다 연설자로 참석해달라는 요청이 쇄도한다. 어느덧 회사를 대표하는 얼굴이 된 그들에게는 회사의 정체성과 개인적 정체성 사이의 경계선도 희미해진다. 자신의 직책을 너무 진지하게 받아들인 리더들은 그 모든 신호로 인해 메이시스 백화점의 추수감사절 퍼레이드 풍선만큼 에고가 한껏 부풀어 오른다. 그들은 자만심의 수렁에 빠진 나머지 아무나 접근할 수 없는 사람이 된다. 게다가 늘 거만한 태도로 타인과 소통하는 탓에 아무도 그들의 말을 듣고 싶어 하지 않는다.

리더들이 이런 경향에 빠지는 일을 피하려면 자신의 실책을 냉정하게 지적해줄 수 있는 믿을 만한 동료를 한두 명 옆에 두어야 한다. CEO에게 이런 역할을 해줄 수 있는 동료 중 하나는 조직 전체의 건강과 효율성을 증진하는 임무를 띤 최고인사책임자일 것이다. 케빈이 신뢰한 친구 역시 암젠의 인사팀을 총괄하던 브라이언 맥너미였다. 그는 케빈의 방을 수시로 찾아와 문을 닫아걸고는 이런 말로 대화를 시작하며 직원들의 피드백을 전하곤 했다. "당신의 강속구가 또 궤도를 벗어났더군요."

A+E네트웍스의 CEO 애비 레이븐이 줄곧 견지하던 전략은 고위 임원이라는 자리에 존재하는 '고상한 분위기'를 피하는 것이었다. "임원들 중에서는 자가용 비행기로만 여행을 하고, 오직 자동차를 이용해 사무실과 집, 그리고 호텔을 오가는 사람이 많습니다. 그런 사람들은 진정으로 세상을 경험하지 못합니다. 나는 매일 기차로 출퇴근하면서 사람들이 어떤 책을 읽고, 어떤 콘텐츠를 보고, 어떤 장비를 사용하는지 관찰합니다. 직접 마트에 가서 집에서 마실 우유도 구

입하고, TV도 시청합니다. 리더는 직원만 상대하지 말고 고객이나 시청자들을 접촉해서 그들이 무엇을 좋아하고 무엇을 싫어하는지 파악해야 합니다. 사무실이라는 우물 안에만 갇혀 있지 말고 세상 밖으로 나오세요. 다른 임원들만이 세상의 전부가 아닙니다."

소수의 달성 가능한 목표에 집중하라

리더는 직무를 수행하면서 수많은 요구에 맞닥뜨릴 뿐만 아니라 모든 직원이 최고의 성과를 거두어야 겨우 달성이 가능한 공격적인 목표를 세우라는 압력을 받는다. 하지만 그런 목표를 수립하는 데는 적지 않은 부작용이 따른다. 지나치게 높은 목표를 설정할 경우 오히려 직원들의 사기가 떨어져 기대에 미치지 못하는 성과가 나올 수 있다. 따라서 리더는 너무 쉬운 목표와 너무 야심찬 목표 사이의 어디쯤에 해당하는 현실적인 목표를 균형 있게 세워야 한다.

"그동안 내가 깨달은 사실 중 하나는 사람들이 무언가를 성취했을 때 더 열심히 일한다는 겁니다." 클라우드 보안 기업 핑아이덴티티 Ping Identity의 CEO 앙드레 뒤랜드Andre Durand는 이렇게 말한다. "직원들에 대한 기대치를 설정하는 일은 신중하고 사려 깊게 이루어져야 합니다. 키 큰 농구선수가 덩크슛을 하듯 너무 손쉬운 목표도 바람직하지 않지만, 달성이 불가능해 보이는 목표를 부여해서도 안 됩니다. 목표는 성취 가능한 범위 안에 존재해야 합니다. 당신이 직원들에게 제대로 된 목표를 제시했다면, 그들이 업무를 수행하는 모든 단계를 일일이 파악하지는 못하더라도 적어도 자원, 인재, 목표를 적절히 조율했으며 그것들이 서로 잘 맞물려 돌아간다는 자신감을 가질 수 있을 겁니다."

부하직원들과 함께 '단순한 계획'을 수립한 뒤에는 자신이 그 계획을 실행하는 데 얼마나 집중적으로 시간을 투자하고 있는지 점검해야 한다. 미국의 비영리 교육단체 티치포아메리카Teach For America의 창업자 웬디 콥Wendy Kopp은 이렇게 말한다. "시간 절약을 위해 내가 수립한 전략은 일주일에 한 시간 정도를 할애해서 그 주에 수행해야 할 개인적인 업무 계획을 전체적으로 검토하는 겁니다. 내가 설정한 우선순위를 더 나은 방향으로 발전시키려면 무엇이 필요한가? 그다음에는 하루에 10분씩 시간을 내어 이렇게 생각합니다. '이번 주의 우선순위를 바탕으로 내일은 어떤 일을 우선순위로 삼아야 할까?' 내가 이런 사고 체계를 고집하는 이유는 세상이 갈수록 빨라지고 있기 때문입니다. 우리는 세상을 수동적으로 바라보기보다 상황 주도적으로 대처하는 법을 익혀야 합니다."

일을 할 필요가 없는 리더가 돼라

조직에서 흔히 나타나는 현상 중의 하나는 임원들이 아침 일찍부터 늦게까지 일에 매달리고, 심지어 휴가까지 반납해가며 이루어낸 업무적 성과를 마치 철인 3종 경기를 완주한 듯이 자랑스럽게 이야기하는 것이다. 물론 고위 임원으로 성공하는 데는 강한 체력이 필수적이므로 그들이 그런 과시적 충동을 느끼는 것은 어느 정도 이해할 수 있는 일이다. 하지만 지위에 대한 특권의식으로 가득한 리더들이 그렇게까지 행동하는 배경에는 이런 메시지가 숨어 있다. "나는 이 조직의 성공에 핵심적인 존재이기 때문에, 이 중요한 일을 절대 다른 사람에게 위임할 수 없어. 내가 없으면 우리 회사는 큰 어려움에 빠질 거야."

다른 사람들을 통해 조직의 성공을 도모하는 것으로 업무의 성격이 바뀐 신임 리더들에게는 이런 사고방식을 하루아침에 바꾸기가 어려울 수 있다. 하지만 그들은 공기나 물처럼 조직에 없어서는 안 될 존재가 되기보다 오히려 별로 할 일이 없는 관리자가 되기 위해 노력해야 한다. "사회 경력 초기에는 겉으로 드러나는 모습이 중요하다고 생각했습니다. 남들에게 열심히 일하는 사람으로 보여야 한다고 믿었죠." 투자회사 레볼루션Revolution의 CEO이자 AOL(아메리카온라인)의 공동 설립자로 유명한 스티브 케이스Steve Case는 이렇게 말한다. "하지만 리더십의 핵심 기술은 조직의 우선순위를 효과적으로 설정하고 그 일을 담당할 훌륭한 팀을 구성하는 것입니다. 그래서 어느 날 아침 당신이 자리에서 일어났을 때 할 일이 별로 없도록 만들어야 합니다. 물론 그런 경지에 도달하기가 쉽지는 않겠지만, 적절한 우선순위를 수립하고 적절한 팀을 배치해서 그들로 하여금 그 우선순위를 실행에 옮기도록 하는 것은 모든 리더가 추구해야 할 목표입니다. 말하자면 남들에게 바쁘게 보이는 것을 목표로 삼을 게 아니라 당신이 가능한 한 적게 개입하면서도 훌륭한 성과를 창출할 수 있는 프로세스를 만들라는 겁니다."

재충전하라

우리 모두는 최고의 컨디션으로 업무에 임한다는 것이 어떤 느낌인지 잘 알고 있다. 하지만 일과 삶에서 모두 압박을 받는 리더에게는 항상 자기가 원하는 모습으로 사람들 앞에 나서는 것이 그리 쉽지 않다. 이를 위해서는 신체적 건강을 유지하기 위한 시간을 일정에 포함시켜 일상의 한 부분으로 자리 잡게 해야 한다. 규칙적인 운동도 업무로 인한 에너지 고갈을 방지하는 훌륭한 완충제가 된다. 자연과의 접촉, 예술, 영화, 또는 영적 수행처럼 스스로를 쇄신하고 정신적으로 고무시키기 위한 행위에도 아낌없이 시간을 투자할 필요가 있다. 요컨대 당신은 막중한 업무적 요구를 감당할 정서적 회복력을 되찾기 위해 자신에게 무엇이 필요한지 파악하는 '건설적으로 이기적인' 태도를 보여야 한다. 즉 가족과 더 많은 시간을 보내고, 오랜 친구들과 교류함으로써 당신의 직업이 삶 전체가 아니라 삶의 일부에 불과하다는 사실을 늘 기억해야 한다. 업무 현장에서는 시도 때도 없이 긴급 상황이 발생하기 때문에 그런 우선순위들이 밀려나기 쉽지만, 당신은 개인적인 사안들에도 적절한 균형추를 제공해서 회사 업무와 동등한 우선순위를 부여해야 할 것이다.

몸과 마음을 재충전하면 타인을 돕는 능력이 더 커진다. 참신하고 생기 있는 눈으로 조직에 닥친 도전을 파악하고, 새로운 가능성을 포착하고, 현재 당신에게 가장 중요한 일의 본질과 그 일이 중요한 이유를 명료하게 깨달을 수 있다. 그리고 풍부한 정서적 공간과 시간적 여유를 바탕으로 더 확고한 자기 인식을 갖고 리더의 자질을 개발 및 성장시키는 데 필요한 요소들을 파악할 수 있다.

"개인적 리더십의 관점에서 보면 나의 시계는 매일 아침 원점으로 재설정됩니다." 베테랑 CEO 출신으로 IBM의 디지털 세일즈 총괄 부사장 겸 최고마케팅책임자를 맡고 있는 미셸 펠루소Michelle Peluso는 이렇게 말한다. "나는 매일 밤 잠자기 전에 그날 내가 어떤 일을 더 잘할 수 있었는지 돌아봅니다. 예를 들어 남들에게 더 큰 공감을 나타낼 수 있었고, 더 분명한 태도로 프로젝트에 임할 수 있었으며, 상대방의 말을 더 잘 들을 수 있었을 겁니다. 리더의 역할이 지닌 묘미가 바로 그것입니다. 리더십은 노력의 결과물이며, 당신의 시계는 매일 재설정됩니다. 당신에게는 자기 팀에게 더 나은 모습을 보여줄 기회가 항상 주어져 있습니다."

리더의 역할, 특히 CEO의 역할이 삶에 부과하는 온갖 어려움을 감안하면, 그 일에는 그만한 가치가 있을까? 비록 막대한 금전적 보상이 따른다고는 하지만, 과연 그 엄청난 스트레스와 맞바꿀 가치가 있는 자리일까? 당신에게 리더십의 '이너 게임'을 습득하는 일(즉 이타적인 사람이 되기 위해 먼저 이기적인 사람이 되어야 하는 등 수많은 역설을 포용하는 일)이 중요한 이유가 바로 그것이다. 이 게임에서 승리한 리더들은 다양하고 지속적인 보상을 누릴 수 있다. 예를 들어 자신에게 최고의 성과를 요구하는 중요한 업무를 경험하고, 자신의 잠재적 능력(사람들은 대부분 스스로 생각하는 것보다 훨씬 더 능력이 뛰어나다)을 파악할 기회를 얻고, 폭넓은 경험을 통해 많은 것을 배우고, 사회에 기여하고, 타인으로부터 최고의 성과를 이끌어내는 능력을 계발할 수 있을 것이다.

"나는 나이가 들면서 사람들의 말을 더 잘 듣는 능력, 그리고 다른 사람의 이야기를 이해하는 능력을 갖게 되었습니다. 그런 과정에서 직원들이 자신의 능력을 바탕으로 스스로 이야기를 만들어가는 일을 도울 수 있게 되었죠. 말하자면 각자의 강점에 따라 줄거리가 전개되는 열린 결말의 이야기인 셈입니다." 2018년에 세상을 떠난 듀크에너지Duke Energy의 전 CEO 짐 로저스Jim Rogers의 말이다. "내가 조직에서 일하면서 깨달은 사실 중의 하나는 직원들이 자신의 관점과 능력에 스스로 한계를 정하는 경향이 있다는 겁니다. 내 임무는 그들 앞에 가능성의 문을 활짝 열어두는 일입니다. 적절한 상황과 기회가 주어진다면 누구든 어떤 일이라도 해낼 수 있다고 믿습니다."

타인에게 그런 영향력을 발휘하기 위해서라면, 꼭 CEO가 되어야 할 이유는 없다. 서두에서도 얘기했지만, 우리가 이 책을 쓴 이유는 CEO들이 조직에 닥친 중대한 도전들을 어떻게 헤쳐 나가는지 파악할 기회를 독자들에게 제공하기 위함이다. 이를 올바로 이해하는 사람은 직급에 관계없이 뛰어난 리더가 될 수 있을 것이다. 지금 당신이 이 책을 읽고 있는 이유는 더 나은 리더가 되기를 원하고, 리더로서 더 훌륭한 성과를 거두고 싶고, 궁극적으로는 장차 CEO가 되기를 꿈꾸기 때문일 것이다. 물론 모든 여건이 잘 들어맞으면 언젠가 그런 날이 찾아올 수 있겠지만, 개중에는 당신의 통제 범위를 벗어난 요인들도 분명 존재하기 마련이다. 예기치 못한 불운, 어긋난 타이밍, 호흡이 맞지 않는 동료 등이 당신이 원하는 자리를 얻는 데 장애물이 될 수 있다. 그런 의미에서 당신이 통제할 수 있는 일은 오직 다른 사람들을 어떻게 이끌 것이냐의 문제뿐이다. 그 문제는 남이 아닌 본인의 선택에 달려 있기 때문에, 당신은 고요한 사색의 순간을 보내며 다음의 질문들에 답할 수 있어야 한다.

- 당신 앞에 놓인 도전이 무엇이든 절대 타협할 수 없는 불변의 가치는 무엇인가?
- 당신은 부하직원들을 본인의 목표를 달성하는 데 필요한 자산으로 여기는가? 또는 직원들이 스스로 발견하지 못한 기술과 재능을 찾아주는 일을 당신의 역할로 생각하는가?
- 당신은 리더십의 모든 요구 사항과 역설을 포용하고, 강력한 자기 인식의 필요성을 인식하며, 개인과 조직의 성장을 일생에 걸친 여정으로 이해하는가?
- 당신은 결과에 대해 책임을 지고, 개선을 위해 항상 분투하며, 설사 목표를 달성하지 못하더라도 이를 다른 사람의 탓으로 돌리지 않을 자신이 있는가?
- 당신은 신뢰가 이분법적 작용이라는 사실, 즉 당신이 매 순간 보여주는 모습에 따라 직원들이 당신을 믿거나 믿지 않거나 둘 중 하나라는 사실을 이해하는가?
- 당신은 어렵고 흔치 않은 결정을 내릴 수 있는 직관적 능력과 지혜를 지니고 있는가?
- 직원들이 리더를 스스로 선택할 수 있다면, 그들은 당신을 선택할 것인가? 만일 그렇다면, 왜 그런가?
- 더 높은 자리에 오를수록 더 많은 관심을 받는다. 당신은 그것이 개인에 대한 관심이 아니라는 사실을 이해하는가?

바로 이것이 우리가 독자들에게 제시하는 마지막 CEO 테스트다.

당신이 바라는 리더가 되기 위해, 오직 당신만이 설정 가능한 조건에 따라 자기 스스로를 위해 작성해야 하며, 궁극적으로 당신의 성공 여부를 결정하게 될 테스트인 것이다.

감사의 말

우리가 이 책의 출판 프로젝트에 대한 아이디어를 처음 떠올린 것은 2018년 뉴욕시에서 함께했던 긴 저녁식사 자리에서였다. 그 초기의 생각이 한 권의 책으로 탄생하기까지 많은 사람의 도움을 받았다.

출판 에이전트 크리스 플레처는 초창기부터 우리가 제시한 아이디어를 개선하고 우리의 제안을 날카롭게 다듬는 데 중요한 조언을 제공했다. 또 하버드 비즈니스 리뷰 출판사의 모든 임직원이 처음부터 보여준 관심과 지원에 감사드리며, 책을 출판하는 전 과정에 걸쳐 보여준 고도의 전문성에 깊은 사의를 표한다. 그중에서도 아디 이그네이셔스, 멜린다 메리노, 스콧 베리나토 세 사람은 그야말로 최강의 팀이라고 부를 만하다. 특히 스콧의 재기 넘치는 편집 능력은 이 원고의 가치를 한층 높여주었다. 론 밴크로프트, 자네타 브라이언트, 피터 처닝, 헤더 디루스와 더크 디루스, 피터 돌런과 케이티 돌런, 해리 퓨어스타인, 짐 맥너니, 데이비드 라이머, 캐럴 셰어러를 포함해 초벌

원고를 읽어준 독자들은 우리가 이 책의 주요 내용에 대한 접근방식을 구축하는 데 유용한 피드백을 제공해주었다.

그밖에도 지난 몇 년에 걸쳐 수많은 사람이 우리에게 귀중한 조언을 해주었으며, 효과적인 리더가 되는 것이 무엇을 의미하는가에 대한 개념을 보다 정교하게 다듬는 데 도움을 주었다.

애덤이 전하는 감사의 말

데이비드 라이머와 해리 퓨어스타인을 비롯해 메릭앤코에 근무하는 모든 분에게 감사드린다. 그들은 리더십, 기업문화, 혁신, 그리고 효과적인 팀을 구축하는 방법에 관한 지혜를 아낌없이 나누어주었다. 현재 메릭에서 기업들을 위한 멘토로 일하는 전직 CEO들과 글로벌 기업의 리더들 역시 자신의 리더십 경험과 고위 임원들을 대상으로 한 멘토링 작업에서 얻은 통찰을 너그럽게 공유해주었다.

특히 지난 2012년 데이비드 라이머에게 나를 소개해준 메릭앤코의 회장 릭 스미스에게 깊은 사의를 표한다. 데이비드와 나눈 수많은 대화를 계기로 나는 결국 2017년 메릭에 합류해서 경력의 새 장을 열 수 있었다. 나는 어린 시절에 친구들과 어울려 운동을 하며 여럿이 합심해서 한 팀으로 일할 때 이루어낼 수 있는 일이 얼마나 위대한지 잘 알고 있었다. 그런 의미에서 메릭앤코가 훌륭한 글로벌 기업으로 변신하는 데 내가 작은 역할이라도 할 수 있었다는 사실에 커다란 흥분을 느낀다.

내가 〈뉴욕타임스〉의 '코너 오피스' 연재 기사를 쓰기 위해 취재했던 여러 CEO, 그리고 링크드인을 통해 연속 인터뷰를 했던 CEO 중에 수십 명의 이야기가 이 책에 소개되어 있다. 뿐만 아니라 그동안 내가 만났던 수많은 리더(총 600명에 달한다) 역시 각자의 놀라운 통찰, 설득력 있는 사례, 실용적인 조언 등을 통해 이 책을 쓰는 데 많은 정보를 제공했다. '코너 오피스'는 내가 〈뉴욕타임스〉에서 편집자로 일할 때 부수적으로 진행했던 프로젝트다. 이 회사에서 여러 훌륭한 리더와 함께 일하며 그들로부터 많은 것을 배울 수 있었던 것은 내 인생 최고의 행운이었다. 특히 릭 버크는 모든 부하직원으로부터 최고의 성과를 이끌어내는 놀라운 능력을 보여주었다.

케빈이 전하는 감사의 말

먼저 내가 처음 일했던 핵잠수함의 함장이었던 켄 스트람에게 감사의 말을 전하고 싶다. 그는 내게 훌륭한 리더의 표본을 보여주었고, 용기를 불어넣었으며, 젊은 장교에게서 쉽게 찾아보기 어려운 자신감을 심어주었다. GE의 마이크 카펜터는 맥킨지앤컴퍼니의 2년차 직원이었던 내게, 당시 부임한 지 얼마 안 된 GE의 잭 웰치 회장 휘하 소규모 참모 조직에서 일할 기회를 주었다. 덕분에 나는 이 시대의 가장 위대한 CEO를 가까이에서 지켜보며 많은 것을 배울 수 있었다. 마이크는 복잡한 비즈니스의 상황을 명확하고 단순하게 분석하고 표현하는 법을 가르쳐준 훌륭한 상사였다.

내가 걸어온 경력의 여정에서 가장 먼저 생각나는 사람 중 한 명은 론 밴크로프트다. 그는 40여 년 전 나를 갑자기 맥킨지에 채용한 이후 친구이자 가까운 조언자로서 줄곧 내 옆자리를 지켰으며, 내가 현실을 올바로 바라보는 일을 돕기 위해 아무 때고 내 앞에 거울을 세워두는 일을 주저하지 않았다.

암젠의 두 번째 CEO 고든 바인더는 1992년 이 회사의 임원이 되기에 어울리지 않는 경력의 소유자였던 나를 채용하는 위험을 감수했고, 그 뒤로 8년 동안 내 동반자 겸 상사로서 많은 조언을 제공했다. 하버드 경영대학원의 잰 리브킨과 니틴 로리아는 완전히 초심자였던 나를 이 대학의 교수진으로 기꺼이 받아주었으며, 내가 학생들을 지도하는 데 필요한 지식을 익힐 수 있도록 시간과 용기를 주었다. 내가 이 학교에서 경험한 학습곡선은 삶에서 경험한 가장 가파른 배움의 고갯길이었다. 하지만 정상에서 바라본 풍경은 이곳이 애써 오를 만한 가치가 충분하다는 사실을 확인하게 해주었다.

10년이 넘는 시간 동안 줄곧 좋은 동반자가 되어준 암젠의 경영진에게도 심심한 감사의 말을 전하고 싶다. 나의 경력 기간에 여러분과 함께 일할 수 있어서 큰 영광이었다. 내 후임자 밥 브래드웨이와 현재 암젠의 경영진이 발휘한 탁월한 능력에 힘입어 우리가 초기에 쌓아올린 모든 것이 '환자에게 봉사하는 첨단 과학 기업이 되자'라는 암젠의 사명에 따라 여전히 지속되고, 발전하고, 유지되고 있다고 생각한다.

✖●✖

마지막으로 전통적인 의미의 '감사의 말'에 포함되기에는 좀 이례적인 내용일지 모르지만, 협업과 팀워크의 놀라운 능력에 관해 몇 마디를 더 보태려 한다.

처음 이 프로젝트에 대한 논의를 시작했을 때 우리 두 사람은 수년에 걸쳐 몇 차례 대화를 나누며 어느 정도 얼굴을 익힌 사이였다(애덤은 2009년에 '코너 오피스' 기사를 위해 암젠과 처음 인터뷰했다). 하지만 우리가 함께 책을 쓸 때 발생할 수 있는 리스크들은 그대로 남아 있었다.

효과적인 리더가 무엇을 의미하는지에 대한 두 사람의 생각은 기본적으로 일치할까? 견해의 차이가 발생했을 때 잘 극복할 수 있을까? 책의 내용을 구성하고 저술하는 최선의 접근방식에 대해 두 사람의 시각이 같을까? 나중에 알게 된 사실이지만, 이 질문들의 답은 대부분 '예스'였으며, 책을 쓰는 과정에서 우리가 기대했던 것보다 훨씬 생산적인 동반자 정신이 발휘됐다.

우리는 서로에게 많은 것을 배웠다. 특정 대목에서 일부 의견이 다른 모습을 보였더라도, 그것은 서로의 아이디어를 더욱 발전시키기 위한 순수한 의도였을 뿐이다. 우리는 함께 회의실로 향하는 순간 자신의 에고를 문밖에 놓아두고 방으로 들어갔다. 결과적으로 애덤의 광범위한 인터뷰 경험과 케빈의 리더십 경력이 합쳐지면서 전체가 부분의 합을 능가하는 놀라운 마법이 탄생했다. 이 책을 공동 집필한 일은 두 사람 모두에게 커다란 보상이 돌아간 경험이었다. 이 책을 읽은 독자들에게도 그에 못지않게 훌륭한 보상이 주어지기를 진심으로 바란다.

주

1장

1. "OurHistory,"McDonald's,accessedSeptember25,2020,https://www.mc donalds.com/us/en-us/about-us/our-history.html.
2. "OurPathForward,"NewYorkTimes,https://nytco-assets.nytimes.com/ m/ Our-Path-Forward.pdf.

2장

1. JoshCondon,"WatchUberCEOTravisKalanickBeaMassiveDicktoHisUber Driver," The Drive, February 28, 2017, https://news.yahoo.com/watch- uber-ceo-travis -kalanick-001456675.html.

6장

1. DennisSchaal,"MarriottCEOSorensonDetailsCrisisContingencyPlans in Emotional Address," Yahoo, March 19, 2020, https://finance.yahoo. com/news/ marriott-ceo-sorenson-details-crisis-161524903.html.
2. RichardWray,"DeepwaterHorizonOilSpill:BPGaffesinFull,"The Guardian, July 27, 2010, https://www.theguardian.com/business/2010/ jul/27/ deepwater-horizon-oil-spill-bp-gaffes.
3. AndrewPollack,"AmgenSeekstoReverseItsBadNews,"*The New York Times*, April 17, 2007, https://www.nytimes.com/2007/04/17/business/ 17place.html.

7장

1. Satya Nadella, *Hit Refresh: The Quest to Rediscover Microsoft's Soul and Imaginea Better Future for Everyone* (New York: Harper Business, 2017).

CEO의 일

초판 1쇄 발행 2022년 3월 3일

지은이 애덤 브라이언트, 케빈 셰어러
옮긴이 박영준

총괄 방승천
책임편집 경정은
마케팅 이나경
홍보 고영민, 김영아, 이재웅, 이슬
콘텐츠연구 김해, 박창훈, 최설봉, 최예슬
교정·교열 오효순
표지디자인 디자인규
본문디자인 이미연

펴낸곳 행복한북클럽
펴낸이 조영탁
주소 서울특별시 구로구 디지털로26길 5, 에이스하이엔드타워 1차 818호
전화 070-5210-4918
팩스 02-6442-3962
이메일 book@hunet.co.kr

ISBN 979-11-89969-75-2 03320

• 행복한북클럽은 독자 여러분의 원고와 기획을 기다립니다.
  새로운 아이디어가 있으신 분은 언제든 book@hunet.co.kr로 간략한 내용을 보내주세요.
• 잘못된 책은 구입하신 곳에서 교환해 드립니다.
• 책값은 뒤표지에 있습니다.

행복한북클럽은 ㈜휴넷의 출판 브랜드입니다.